KB169379

관계와 연결로서의 유아시기 교육 재료 탐구

물질과의
새로운 만남

관계와 얽힘로서의 유아시기 교육 재료 탐구

물질과의
새로운 만남

초판 1쇄 발행 2021년 2월 26일
초판 2쇄 발행 2024년 1월 31일

지은이 베로니카 파치니-케처바우·실비아 킨드·로리 L. M. 코허
옮긴이 이연선·전가일·정혜영·최승현·하영유
펴낸이 김승희
펴낸곳 도서출판 살림터

기획 정광일
편집 조현주, 송승호
북디자인 꼬리별

인쇄·제본 (주)신화프린팅
종이 (주)명동지류

주소 서울시 양천구 목동동로 293, 22층 2215-1호
전화 02-3141-6553
팩스 02-3141-6555
출판등록 2008년 3월 18일 제313-1990-12호
이메일 gwang80@hanmail.net
블로그 http://blog.naver.com/dkffk1020
한국교육연구네트워크 www.kednetwork.or.kr

Encounters with Materials in Early Childhood Education
by Veronica Pacini-Ketchabaw
Copyright © 2017 Taylor & Francis Group LLC
All Rights Reserved
Authorized translation from the English language edition published by Routledge,
a member of the Taylor & Francis Group LLC
Korean translation copyright © 2021 Sallimter Publishing Co.
Korean translation rights arranged with Taylor & Francis Group LLC through
Orange Agency

ISBN 979-11-5930-178-0 93370

*가격은 뒤표지에 있습니다.
*잘못된 책은 바꾸어 드립니다.

관계와 연결로서의 유아시기 교육 재료 탐구

물질과의
새로운 만남

베로니카 파치니-케처바우·실비아 킨드·로리 L. M. 코허 지음
이연선·전가일·정혜영·최승현·하영유 옮김

살림터

『물질과의 새로운 만남』은 우리가 현장에서 쉽게 만날 수 있는 점토 덩어리, 종이 몇 장, 물감과 붓 등의 물질들을 어떻게 이해해야 하는지에 대해 다른 방식으로 상세히 설명한다. 물질과 더불어 사유하고 이를 유아기의 발달에, 유아교실에 적용하였을 때 어떤 일이 일어나는지를 자세하게 보여 준다. 이 책은 자본주의 내러티브 속에서 살아가는 대부분의 서구의 어린이들이 물질을 경험하는 방식보다는 훨씬 지속가능하고 통찰력 있게 물질에 대해 사유하는 힘과 방식들을 일깨워 준다.

문화기술적 사건들과 시각예술, 페미니스트 윤리학, 과학적 연구, 철학과 인류학 내의 관계성에 대한 기존 아이디어와의 적극적인 교류를 통해 『물질과의 새로운 만남』은 어떻게 물질이 유아교육에서 적극적인 참여자이자 인간적 통찰의 생성자로 개념화될 수 있는지에 대해 특히 강조하고 있다.

이 책에서 제시하는 다양한 사례들은 유아교실에서 교육자들, 어린이들, 연구자들이 어떻게 물질과 더불어 사유하는 과정에 참여했는지를 보여 주고 다른 물질이나 어린이들과 만날 때 물질들이 갖고 있는 능력이 무엇인지를 탐구한다.

웹사이트 www.encounterswithmaterials.com에 방문해 주길 바란다. 우리와 동행하는 웹사이트에는 이 책의 저자들과 교사들의 인터뷰, 사례에 등장한 교실 이야기의 영상과 사진을 포함하여 저자들의 최근 문화기술 연구의 기록들이 담긴 블로그를 볼 수 있을 것이다.

베로니카 파치니-케처바우Veronica Pacini-Ketchabaw
실비아 킨드Sylvia Kind
로리 L. M. 코허Laurie L. M. Kocher

이 책을
물질과 더불어 실험하는 과정에서
우리에게 영감을 주고 동반자가 되어 준
어린이와 교육자에게
바칩니다.

감사의 글

우리는 먼저 이 책의 작업에 열정적으로 참여한 모든 아이들과 교사들, 그리고 가족들에게 깊은 감사의 마음을 전하고 싶다. 그들로부터 우리는 끝없는 영감을 얻을 수 있었다. 많은 것을 배울 수 있었고, 함께 새로운 가능성들을 발견할 수 있었으며, 그리고 우리가 변화될 수 있었다. 이 책을 그들에게 바친다.

집필을 지원해 준 우리의 유능한 편집자, Beyond Words의 Leslie Prpich에게도 감사의 마음을 전한다. 물질과의 만남에 대한 그녀의 세심한 관심과 참여는 우리의 원고에 생명을 불어넣어 주었다. 그녀의 지원이 없는 작업은 상상할 수가 없으며, 그녀는 늘 놀라움 그 이상이다.

끝으로 본 연구에 지원을 아끼지 않은 캐나다의 인문사회과학연구위원회에도 감사를 전한다.

사진 목록

차례

1장

물질과 더불어 사유하기
Thinking with Materials

유아교실에서 교사와 아이들은 물질 주변에 둘러앉아 살펴보고, 협상하고, 대화를 나누고 함께 공유한다. 한 토막의 점토, 붓한 자루, 물감 한 통, 광택 나는 종이 한 장, 무거운 직사각형 목재 블록, 얇은 버드나무 목탄 한 조각, 이 물질들은 다가오라 손짓하며 우리를 끌어들인다. 그것들은 살아 있고, 말하고, 몸짓하며 우리를 부른다. 물질은 기억들을 불러일으키고, 이야기를 풀어내며, 행동을 초대하고, 생각을 나눈다.

이 책에서 우리는 유아교육에서 적극적인 참여자로 물질을 만났을 때 발현되는 관계성의 페다고지와 함께 실험을 시도하였다. 이 책 한 장 한 장에 있는 것이 모두 교육현장에서 모델로 적용할 만한 것은 아니다. 그대로 따라 해 보거나 전용할 만한 것도 없다. 이 책은 '만남encounters'에 관한 것이다. 만남은 좋을 필요도, 나쁠 필요도 없다. 이것은 위험한, 그러나 세계 자체와의 만남으로서, 우리를 감응시키고, 생각하게 하고 느끼게 하며, 우리를 세계와 접촉

할 수 있게 하고 세계로부터 분리시키며 행동하도록 강요하고, 요구하고, 보살필 것을 촉구하고, 관계 맺게 하고, 질문 속으로 끌어들인다.

이와 같은 방식으로 물질과 만나는 실험을 하다 보면 우리는 스스로 물질을 다르게 경험하도록 넌지시 떠밀린다. 우리는 이 만남의 의미를 발견하는 것도, 찾아 나서는 것도 아니다. 그 사실 여부에 관심을 갖는 것도 아니다. 우리는 각각의 만남과 관계 맺되, 그 자체의 질문과 관심과 정서를 가진 하나의 사건으로서 만난다. 우리는 각각의 만남 안에 거주한다. 우리는 그 각각의 만남에 처해 있음encounter's situatedness 속에 놓인다.

풍부한 사건이 담긴 물질과의 관계들
Eventful Material Relations

이 책은 우리가 물질과 '함께with' 사유하고, 물질을 운동으로, 만남으로, 배치로, 생태계로, 그리고 시간으로 바라보기로 했을 때 일어나는 일들을 이야기하고자 한다.[1,2] 물질은 다양한 방식으로

---

1. 이 책은 전통적인 교육학의 성장 개념과 주형(鑄型) 비유를 비판하고 만남과 예술이라는 개념에 입각한 새로운 교육학적 접근을 시도하고 있다. '만남=마주침(rencontre =encounter)'은 다음과 같이 정의된다. "전통적인 표상에 속하지 않는 사유에서 재인 récognition을 대체하는 과정으로서 적어도 두 개의 이질적인 계열들을 관련시키는 것. 마주침의 대상은 강도 내의 차이('기호'), 즉 감수성을 어떤 역능에 이르게 하면서 이를 탄생시키는 감각되지 않는 것(l'insensible)이다"(로베르 싸소 책임편집, 2012, 『들뢰즈 개념어 사전』, 신지영 옮김, 서울: 갈무리, p. 120).

세계 안에 살고 있다.^{Bennett, 2004} 다음 장에서 우리는 유아교실의
공간에서 흔히 볼 수 있는 다섯 가지 물질, 즉 종이, 목탄, 물감, 점
토, 블록과 더불어 사유한다. 우리는 이 물질들을 능동적이고 참
여적인 성격을 지닌 것으로 대우한다. 이 물질들은 동작을 촉발하
고, 질문을 유발하며, 아이디어를 샘솟게 한다. 즉, 물질은 생산적
인 순간이 된다.[2]

　　이 책을 통해 물질은 인간과 비인간 타자들을 불러일으켜 통찰
을 창출해 낸다. 우리는 다양한 범위의 힘forces과 운동movements
에 주의를 기울인다. 물질은 어떻게 시간과 공간을 통해 운동하는
가? 물질은 어떻게 우리를 신체적, 정서적으로 운동하게 하는가?
시간은 어떻게 운동하는가? 공기는 어떻게 운동하는가? 몸은 어떻
게 운동하는가? 이러한 질문들이 그것이다.

　　물질과 '함께with' 사유하기는 교육자들에게 물질과 어린이들
이 교실에서 어떻게 서로 얽혀 사는지, 그리고 물질과 어린이가 상
호적 만남을 통해 어떻게 서로를 변화시키는지에 주목하도록 촉구

---

2. 배치(agencement=assemblages): 이 책에는 배치를 비롯해 들뢰즈와 가타리의 용어
가 자주 등장한다. 그들은 배치를 기계적(=물질적) 배치와 언표적(=비물질적) 배치로 나
눈다. 예를 들어, 법(法)이라는 영역(=場)에서 법원 건물, 판사와 같은 사람들, 의사봉 등
은 기계적 배치에, 반면 법원의 설계 도면이 의미하는 바, 판사의 위상 등은 언표적 배
치에 해당한다. 이는 아리스토텔레스의 질료형상론을 반박하기 위해 도입한 것이다. 아
리스토텔레스는 의자가 단순한 덩어리가 아닌 의자로 기능하고 그 모양을 유지하는 것
은 신이 부여한 '형상(=Form=eidos)' 덕분이라고 말한다. 반면 나무라는 질료는 형상
에 비해 부차적인 것이다. 형상과 질료가 결합하면 '실체(=substance)'가 된다. 들뢰즈와
가타리는 이러한 실체가 개체들 간의 외적 차이만을 파악하게 해 줄 뿐 개체 내의 '생성
(devenir=becoming)'을 알지 못한다고 본다. 이 책에는 '물질-담론적 관계'라는 표현이
등장하는데 이는 배치와 관계 깊다. 한편 이 책 3장에 나오는 미술에서의 아상블라주 기
법 또한 배치와 같은 단어라는 점에서 저자들이 중의적 표현을 여러 곳에 걸쳐 쓰고 있음
에 주목할 필요가 있다.

함으로써 유아교육을 변화시킨다. 우리는 이러한 관점의 변화가 물질, 어린이, 다른 교육자들과의 상호작용을 변화시키는 방법에, 심지어는 우리가 사회와 세상과 맺는 관계의 속성까지 바꿀지도 모를 방식에 관심이 있다.

이 책의 더 큰 목표는 인간과 비인간이 항상 관계를 맺고 있는 활기찬 사회적-생태적-물질적-감응적-담론적 생태계로서 어린이의 공간early childhood space을 재배치하는 것이다. 따라서 관계성이야말로 '물질과의 만남Encounters With Materials'에서 핵심이다.

이 장에서 우리는 유아교육에서 물질이 어떻게 개념화되는지, 그리고 이 책 전반에 걸쳐 우리가 물질을 어떻게 사유하는지에 대하여 이야기한다. 우리가 지금까지 해 온 것, 제기했던 질문들, 예술을 통해 물질을 어떻게 통합했는지, 영상과 사진을 어떻게 활용했는지를 보여 주며 이 책의 기반이 된 프로젝트에 대해 간략하게 살펴보고자 한다. 다시 말해, 이 장에서 이론적 틀과 방법론적 틀이 작동을 시작한다. 그러나 이 장이 책의 구조를 설명하기 위해 쓰인 것은 아니다. 이 책 자체가 그러하듯, 이 장은 새로운 가능성을 생산해 내는 회절 운동diffractive movements을 통해 쓰였다.[3]

유아 시기의 물질Materials in Early Childhood

물론 물질과의 관계가 유아기에 대한 문헌 연구에서 새로운 주제는 아니다. 19세기 이래로 유아교육학자들은 어린이들의 발달과 교육에서 물질의 중요성을 강조해 왔다. 1800년대에 개발된 최초의 교육용 장난감인 프레더릭 프뢰벨Frederick Froebel의 가베gifts는 유아교육에서 물질의 핵심 역할을 보여 준 기념비적 사건이다.Prochner, 2011 그러나 존 듀이John Dewey, 1897는 백 년 전에 "어린이가 가진 본성과 힘이 물질을 제공하고, 이는 모든 교육의 첫걸음이된다"『예술』1장, 3문단고 일깨워 준 바 있다.

오늘날 학자들은 어린이의 배움에서 물질의 중요성을 여전히 강조한다. 붓으로 그림 그리기, 찰흙으로 만들기 등의 과정은 어린이의 사회적, 신체적, 정서적 그리고 창의성 발달에 도움이 되는 활동으로 여겨지고 있다.[4] 많은 문헌들이 물질로 무엇을 할지는 강조하지만, 물질과 어떻게 '함께with' 사유해야 할지에 대해서는 거의 언급하지 않는다.

---

3. 물리학 용어인 회절은 광선 등의 파동이 좁은 구멍이나 모서리를 가로지를 때 나타나는 커브 현상을 말하는데, 부딪히는 물체와의 거리, 물질의 성질에 따라 꺾이는 각도가 달라진다. 이 책의 본문에서 자주 등장하는 도나 해러웨이(Donna Haraway)와 캐런 바라드(Karen Barad)는 이 개념을 '동일한 대체물'을 생산하는 반성(reflection)이나 반향(refraction)과 대비하며 이야기하면서(Haraway, 1992; Barad, 2003, p. 803 재인용), 비판적 성찰(critical reflection)의 일부로서의 상호적인 변형과 물질적 얽힘을 강조한다. 회절 개념은 우선 실제와 성찰이 다르게 이루어질 수 있다는 생각에 도전하며, 우리의 습관화된 사고와 표현 방식 등에 개입하여 고정적 사고와 재현에서 벗어나 차이(difference)의 발생 과정 자체를 주목하고 밝히도록 돕는다(Pacini-Ketchabaw, V. et al., 2015, Journey-Reconceptualizing Early Childhood Practices through Pedagogical Narration, Toronto: University of Toronto Press. p. 197 참조). "그래서 (물리학적) 회절 방식은 차이를 측정하는 것이면서 오히려 더 앎의 존재론적 속성을 포함하여 우리가 사는 세계의 복잡하게 얽힌 변화의 구조들을 더 심오하게 밝히고, 드러내 고, 명확하게 해 주는 것이다. 말하자면 사실 회절 방식은 아주 복잡하게 꼬인 실타래 같은 사실들을 드러내 밝혀서 그 자체가 얽힌 현상들임을 말해 준다"(Barad, 2007, p.73; Bronwyn Davies, 2017, 『어린이에게 귀 기울이기-'이기'와 '되기'』, 변윤희 등 옮김, 서울: 창지사, p. 29 재인용).

4. Golomb, 1992; Lowenfeld & Brittain, 1987; Matthews, 2003.

아이들이 물질을 예술적으로 탐색하는 과정을 언어로서 사유하려는 움직임으로의 진전이 이루어지긴 했으나[Pelo, 2007], 예술을 수업 실제에 통합한 유아교육기관조차도 물질과 예술적 과정을 발달적 관점에서만 활용하는 전형적인 모습에 머물고 있다. 예술을 시각언어로 간주하며 참여하는 일에 관심과 열망이 있을지라도 개념적 이해의 깊이가 없다면 어린이의 예술은 자아, 경험 또는 지식을 문자 그대로 재현representation하는 것으로 보일 뿐이다.[5] 물질은 탐색에서 재현으로의 발달적 진보 과정에서 교육과정의 '뼈대bones'로 묘사되고 있다.[Carter & Curtis, 2007] 종종 재료material[6]를 어떻게 구성하고 다룰 것인지가 가장 먼저 안내되고 나면, 아이들은 물질의 적절성과 기능을 먼저 배우게 될 것이다. 그렇게 물질에 더 친숙해지고 나서 아이들은 자신의 생각과 대상을 재현하는 데 이들을 사용하도록 격려를 받는다.

이탈리아 북부에 위치한 레지오 에밀리아의 영유아교육 프로그램의 교사들은 물질에 면밀한 관심을 기울였으며 물질성 탐색 과정을 통해 생성된 철학적으로 복잡한 개념에도 집중했다.[7] 오늘날 우리는 물질을 중심으로 한 레지오 에밀리아의 실제에 영감을 받

---

5. [옮긴이 주] 이 책에 등장하는 '재현'은 독일어로 'Vorstellung'으로서 '앞에 불러 세운다'는 뜻을 담고 있다. 즉, 방금 전 보았던 것을 다시 확인하는 게 가능하다는 의미에서 재현이라는 말을 쓴다. 정치적인 의미에서는 '대의'로도 번역되며, 철학과 미술에서는 '재현주의'라고 부른다. 들뢰즈와 가타리는 동일성의 반복인 재현의 문제를 자신들이 극복해야 할 최대의 철학적 과제로 설정하고 있는데, 근대 교육학 또한 이러한 재현의 시각에 입각해 짜여 있다는 것이 이 책의 관점이다.
6. 이 책에서 'material'은 '물질'로 번역되나, 기존의 접근을 비교하여 제시하는 부분에서는 일부 '재료'로 번역하고 원어를 병기하였다.
7. Ceppi & Zini, 2008; Friends of Reggio, 2004; Vecchi, 2010; Vecchi & Giudici, 2004.

아 나타난 무수한 유아교실들을 본다.[8]

우리 역시 레지오 에밀리아의 교육적 작업에 큰 영감을 받아 왔다. 그러나 우리 분야의 발전에서 그 작업이 가진 의의에도 불구하고, 레지오에 영감을 받은 어린이 관련 문헌 중 물질이 어떻게 아이디어를 형성하는 데 참여하는지에 관해 초점을 두고 이야기하는 문헌은 거의 없다. 우리는 이 책에서 바로 이 점에 초점을 맞추고자 한다.

이 책이 만들어 내는 연결들은 어떤 독자들을 놀라게 할지도 모른다. 교사가 세심하게 선택하고 아름답게 조직해 놓은 물질을 아이들에게 제공하면 아이들이 그 물질을 가지고 실험하고 자신들의 아이디어와 이론을 재현하도록 제안하기보다, 이 책은 물질과 '더불어with' 사유한다. 물질의 곁에서 그 소리를 들어 보고 보살피고, 물질과 함께 또는 물질을 위해 존재하고, 사물의 생태계와 윤리를 탐색한다.Benso, 2000 우리는 사물을 표면적 특성과 기능으로 환원시키고 물질을 단순히 학습과 발달과정의 매개체로 취급하는 도구주의예, Rule & Stewart, 2002; Trimis & Savva, 2009의 한계를 넘어 생각하고자 한다.

우리는 레지오 에밀리아에서 영감을 받은 실천에서 나온 중요한 앞의 내용을 넓히고 확장하여 물질이 어떻게 행위주체적 방식

---

8. Callaghan, 2002; Fraser, 2006; Gerst, 1998, 2002, 2003; Kocher, 1999, 2004, 2009, 2010; MacDonald-Carlson, 1997, 2003; Rosen, 2009; Tarr, 2005; Tarr, Bjartveit, Kostiuk, & McCowan, 2009; Wien, 2008; Wong, 2006; Young, 2001.

으로 어린이에게 '대답speak back'하는지에 대해 연구하였다. 동시에 독자적인 연구를 생성하여 사람과 사람의 개인 내적 관계와 개인 간 관계에서 사물, 인공물, 공간과 장소와 같은 물질적 환경과 모든 살아 있는 유기체 간의 물질-담론적 관계로 주의를 전환시키도록 하는 타구치Hillevi Lenz Taguchi, 2010의 내부-작용적 페다고지intra-active pedagogy에 대해 알리고자 한다.

　이 책은 과학적이고, 이성적인 혹은 기능적인 관점에서, 그리고 색, 모양, 밀도, 부피, 마찰, 중력과 같은 예측 가능한 속성을 통해서 물질을 규정하여 이해하는 방식에 도전한다. 우리는 종종 무의식적으로 우리 자신을 수동적인 무생물 물질들에 대해 행동을 취하는 생명 있는 행위주체자agent로서 생각하게 만드는, 생물 대 무생물, 능동 대 수동, 자아 대 타자 등Bennett, 2010과 같이 우리 문화 속에 깊게 뿌리박힌 이분법적 사고에 이의를 제기한다. 우리는 묻는다. 만약 물질의 조성에서 인간의 역할이 우리 믿음처럼 그렇게 중요한 게 아니라면 어떨까? 우리가 물질을 조성하는 것만큼이나 물질 역시 인간을 조성한다면 어떨까? 우리가 사물의 영향에 주의를 기울이고 사물이 어떻게 함께 운동하는지 관심을 기울이면 어떨까? 즉, 대상이나 사물이나 물질이 '무엇인지is'를 묻는 대신 그 물질이 무엇을 '하는지do'를 묻는다면 어떨까?

　이 책에서 물질들은 그들 스스로 특유의 어떤 가능성들을 제안한다. 물질이란 단순히 서로 달리 느끼고 행동하거나, 상이한 속성을 가지거나, 다른 형태나 이미지를 만들어 내는 것만은 아니다.

한 어린이가 물질에 참여하고 함께할 때 다른 방식의 사고들을 촉발시킨다.

한 예로 블록은 단순히 쌓기 위한 도구만은 아니다. 블록은 예를 들어 물감, 목탄, 종이, 점토 등과 함께 작업할 때와는 아주 다른 사유 방식과 아이디어 처리 과정, 의미 만들기를 불러일으킨다. 사람의 형상을 그리거나 카메라로 한 사람의 특정한 이미지를 만들어 낼 때, 주제는 같지만 각기 다른 매체와 작업 과정을 통해 그 주제에 대해 다르게 지각하고 다른 방식으로 사고하게 하는 결과를 낳는다.

이는 우리가 물질에 대해 사유하는 방식이 물질들과 무엇을 함께할 수 있는가를 형성한다는 것을 의미한다. 예를 들어 점토를 오브제를 만들기 위한 조형 재료로 생각한다면, 그 생각은 특정한 관계 방식을 만든다. 우리는 테이블에 편평하거나 둥근 점토를 내주고 어떤 조형물을 제작하기 위한 방침이나 도움을 제공하게 될지 모른다. 형태, 질감, 구조, 균형에 대해 말하게 될 수도 있고, 은근히 또한 직접적으로 각각의 조형물 제작을 지도하게 될 수도 있다.

우리가 점토에 대해 생각하는 바가 점토와 함께하는 경험의 바탕이 되고, 그 경험에 대해 이야기할 때 우리가 쓰는 언어가 특정한 의미를 구성한다. 반면에 우리가 움직임, 장소, 비연속성과 관계성에 대해 생각해 본다면, 아마 우리는 점토가 그 주변 환경과 맺는 관계에 주의를 기울임으로써, 그리고 다른 것들과의 관계를 초대함으로써 점토를 향해 더 나아가고 또 멀어질 수 있는 가능성을 생각할 수 있게 될 것이다.

이러한 개념들은 물질과 함께하는 우리의 탐구에 구조를 제공하고 탐구의 방향을 형성한다. 우리는 점토를 다른 방식으로 제시할 수 있다. 예를 들어, 천장에 매달린 프로젝터 몇 대에 의해 그림자, 신체와 운동성 등이 복잡하게 어우러진 놀이가 구현되는 공간에서, 점토는 교실 바닥 위의 큰 매트 중앙에 세워진 대형 블록이될 수도 있고, 어린이들의 키 높이까지 쌓인 여러 개의 블록이 될수도 있다. 점토를 제시하는 다양한 방법들이 단순히 다른 형태의 상호작용만을 유발하는 것은 아니다. 다른 시작은 우리가 무엇을 어떻게 바라볼지를, 그리고 그 경험을 구성하는 의미를 다르게 형성한다.

'유아교육에서 물질과의 만남' 프로젝트
The 'Material Encounters in Early Childhood Education' Project

이 책은 인문사회과학연구위원회의 지원을 받아 캐나다의 유아교육기관 두 곳에서 진행된 시각 문화기술연구visual ethnographic study인 '유아교육에서 물질과의 만남' 프로젝트를 통해 수집된 교육적 사건들과 함께한다. 당시 프로젝트의 주목적은 유아교육 공간에서 물질과의 관계성에 참여할 수 있는 가능성과 복잡성을 함께 실험하기 위해 예술 기반 협력 연구[9]에 참여하는 데 있었다.

물질성에 대한 탐구

3년에 걸쳐 프로젝트를 진행하면서 어린이, 교사와 연구자들은 그들의 초점이 단지 아이들이 물질에 대해서 어떻게 생각하고, 물질이 아이들에게 어떻게 제시되어야 하고, 아이들이나 교사의 의도가 물질과의 관계를 어떻게 형성하는지에만 한정되어 있지 않을 때 페다고지에 어떤 것들이 발생할 수 있는지에 대해 더 관심을 갖게 되었다. 우리의 관심사는 상호작용 속에 있는 물질로 향했고 그것에 더 주의를 기울이게 되었다. 그 과정을 통해 우리는 교실에서 물질들이 각자의 삶을 갖고 있고, 그 삶들은 교실에서 우리가 어떻게 생각하고 행동하는지에 내재적 중요성을 가진다는 것을 알게 되었다. 우리는 물질을 진지하게 대했는데, 물질을 낭만화하거나 인간처럼 대우했다는 것이 아니라 물질이 교실에 참여할 때 무엇을 하는가에 주의를 기울임으로써 그렇게 했다. 우리는 역사와 이야기로 이미 채워진 각 물질과 만났고, 각 물질은 하나의 사건으로 우리에게 질문들을 허락하고 탐구를 불러일으켰다.

---

9. [옮긴이 주] 예술 기반 연구(art-based research)는 예술을 탐구의 도구이자 표현의 방식으로 이용하는, 실행자 기반 연구 방법으로서, 복잡한 사회적, 교육적 문제가 다양한 연구 방식을 필요로 함께 따라 기존 연구의 패러다임에 위치하기 시작했으며 점차 연구의 패러다임 자체를 변화시키는 역할을 하고 있다. 미술과 언어의 미학적 특성에 근거한 이 연구 방법은, 그 자체가 복합적인 예술 표현이자 체화되는 문화 현상으로서 의미를 갖게 된다. 이는 특히 교육 영역에서 적합한 탐구 방법으로 발전했으며, 예술 기반 연구를 수행하는 연구자가 교실에서 벌어지는 복잡한 실재적 상황을 이해하기 위해 예술의 특성을 연구의 방법과 기록 및 공유 방식으로 사용한다(Sullivan, G., 2015, 『예술실행연구』, 김혜숙 등 옮김, 서울: 학지사 참고).

일주일에 한 번 아이들과 교사와 함께하는 탐구시간에 우리는 다음과 같은 질문들을 했다. 사물과 '더불어with' 생각한다는 것의 의미는 무엇인가? 각각의 물질은 어떻게 특정한 방식으로 초대와 참여를 촉발하는가? 각각의 물질은 어떻게 사물과의 사이에서/함께/중간에서 다르게 살아가며, 어떻게 아이들 사이에서/함께/중간에서 다르게 살아가는가? 물질들은 어떻게 교실의 움직임에 개입되는가? 이 질문들은 우리 협력의 형태를 만들었다.

실험

물질, 사물, 장소와 환경은 실험과 뗄 수 없는 관계에 있다. 따라서 실험은 우리 연구의 핵심이었다. 철학자 질 들뢰즈와 펠릭스 가타리Gilles Deleuze and Félix Guattari, 1987의 글은 물질과 함께하는 우리의 실험을 개념화하는 데 도움을 주었다. 실험은 경험을 적극적으로 확장시키는 복잡한 사회적-감응적-정치적 현상이다.Guattari, 1995 그것은 세계를 열고 사고하고 새롭게 생각하고 행동을 할 수 있는 새로운 장을 만든다.Stengers, 2005 그리고 인간과 비인간의 신체가 서로 만났을 때 무엇을 할 수 있고 생산할 수 있는지를 드러낸다. 우리는 유아교육기관에서의 삶을 변화시키기 위해 이 협력에서의 실험을 기꺼이 받아들였다.

우리는 물질, 물체, 장소, 그리고 인간 사이의 만남을 경험의 흐름의 일부로 보기 위해 전적으로 뛰어들었다. 우리는 결코 세상과 분리되어 있지 않으며 관계로 이루어져 있다고 가정하는 페다고지를 창조했다. 들뢰즈와 가타리를 따르며 사유를 실험으로 개념화 하였고 사유는 만남을 통해 스스로를 창조해 낸다고 보았다. 우리 는 이야기가 발화되고, 힘이 사용되고, 역할이 수행되는 것이 사유 를 통해서라는 생각을 하면서 실험에 임했다.

실험을 통해 우리는 배치, 구조, 흐름, 연결들 사이의 관계에 의 해 어떤 것이 어떻게 작동하는지를 발견했다. 이런 방식을 통해 우 리는 우리가 가르치고 배우는 것을 들뢰즈와 가타리[1987]가 말한 탈 주선lines of flight을 창조하는 과정으로 생각하였다.[10] 신체, 힘 그리 고 사물들을 새롭고 예측 불가능한 방식으로 혼합하는 실험을 통 해 우리는 발명해 냈다. 미지의 세계에 대한 우리의 탐구 과정은 모든 예측 불가능한 연결 지점과 더불어 경험의 실험 속으로 내포 되어 갔다. 물론 우리의 실험이 위험 부담 없이 이루어진 것은 아 니다. 결과를 결코 미리 예측하거나 알 수 없었다. 우리의 실험 속 에는 늘 같은 것을 재생산할 위험, 배치를 이루는 하나 혹은 그 이 상의 요소들을 너무 빨리 분해해 버릴 위험이 도사리고 있다. 확 실히 우리의 프로젝트는 불완전한 것이었다. 그것은 투쟁으로, 때 로는 저항으로 얼룩져 있다. 작업은 느리게 진행되었고 종종 도전

---

10. [옮긴이. 주] 이 책에는 '탈(=de-=trans-)'이라는 접두어가 붙는 용어가 많이 나온다. 우 선 탈주선은 동물이 포식자로부터 달아나기 위해 평상시 이동하던 경로를 벗어나 움직 이는 선을 가리킨다. 도주로인 셈이다. 이와 관련하여 로베르 싸소는 '탈영토화/재영토화 (déterritorialisation/reterritorialisation)'를 다음과 같이 정의한다. "모든 사물(질료, 대 상, 존재, 실체)에 관련하여, 1) 그 사물을 횡단하는 흐름을 포착하고 코드화하는 (본래적 이거나 비유적인 의미에서의) 일종의 영토, 2) 새로운 영토로의 진입 ─ 이 두 운동은 같은 사물에 대하여 기능과 기능의 작동 그리고 의미의 변화를 유발한다"(로베르 싸소 책임편 집, 2012, 『들뢰즈 개념어 사전』, 신지영 옮김, 서울: 갈무리, p. 393).

적이었으며 불안했다. 하지만 해러웨이Haraway, 2008가 제시했듯이, 우리는 실험이 가져다준 문제와 계속 함께하기로 결심했다.

실험은 우리의 침체된 유아교육 담론에 생명력을 가져다주었고 세계에서 행동할 능력을 향상시켰으며 새로운 삶의 방식을 만들어 냈다.O'Sullivan, 2006 이는 교실에서 무엇이 가능할 수 있는지에 대한 새로운 지각과 이해의 가능성을 열어 주었다. 우리는 어린이, 물질, 이야기와 관계 맺었고, 그들 서로 간에도 그러했는데, 마치 그들이 우리에게 행위를 하거나, 우리가 그들에게 행위를 하는 것처럼, 복잡하게 얽힌 네트워크와 배치 속으로 들어가 참여하였다. 혹은, 렌즈 타구치Lenz Taguchi, 2010의 용어를 빌려, 내부 활동intra-activity 속으로 들어간 것이라고도 할 수 있다. 우리는 하나의 물질의 힘, 공명, 연대기, 가능성들과 결과를 알게 되었다.[11]

이것은 연구과정에서 아이들을 무시했다는 것을 의미하지 않는다. 우리는 아이들이 무엇을 선택하고, 무엇을 원하고 고르며, 무엇을 그들의 놀이 속으로 가져오는지에 관심을 가졌다. 그러나 우리는 실험이 아이들의 창의적 발명물에만 국한되지 않는다는 것 또한 알고 있었다. 우리는 아이들 놀이의 물질과 담론들을 진지하게 다루는 만큼 아이들 고유의 관심사에 대한 긴장과 경청의 윤리를

---

11. [옮긴이 주] 들뢰즈와 가타리에게 잠재성(virtuality)과 현실성(actuality)이 짝을 이루고, 가능성(possibility)과 실현(realization)이 짝을 이룬다는 점에 주의해야 한다. '잠재성-현실성'의 짝에는 물질의 미시적 운동이 늘 수반된다. 이 책이 주목하는 '물질성(the material)'이 바로 이 영역에서 벌어진다는 점에 주의하자. 반면, 그들에게 가능성은 '상상 작용(imaginary)'으로 이해하는 편이 적합하다. 예를 들어, 현실에 물질로 존재하지 않는 태권브이의 가능성을 상상하여 그것을 '실현'시키는 식이다.

가지고 작업했다. 우리는 이 질문에서 출발했다. 아이들은 어떻게 그들의 삶을 구성하는 실체들인substance 순환하는 이미지들, 이야기들 그리고 생각들을 취하며, 이로부터 무언가를 만들고, 발명하고, 재현하고, 변형시킬까?

이어지는 장에서 우리는 다음의 질문들이 더욱 명확해지기를 바란다. 어떻게 유아교육기관에서 실험이 독려되었는지, 어떻게 교육자들이 실험을 촉발하고 촉진할 방법을 찾아냈는지, 어떻게 '문제들'이 '관리되는' 것이 아니라 연구되었는지, 어떻게 학급에서 일어나는 대부분의 일들이 특정한 아동에 의해 '소유되지' 않고 공동의 것이 될 수 있었는지를 말이다. 우리는 교육적 실험 pedagogical experimentation을 통해 아동 개인이 무엇을 했는지에 대해서가 아니라, 우리가 어떻게 함께 발명할 수 있었는지에 초점이 맞추어진 공동의 맥락 창출을 목표로 하였다.

연구 방법으로서의 예술

물질과 함께하는 공동의 실험은 예술에 대한 우리의 관심을 통해서 발현되었다. '유아교육에서 물질과의 만남' 프로젝트에서 예술은 불필요하게 더해지는 것도, 교사 주도적 활동도, 심지어 아이들의 내적 세계나 창의성의 이상화된 사례도 아니었다. 대신 예술은 아이들 매일의 실험, 탐구, 그리고 배움의 필수적인 측면으로 여겨졌다. 예술은 퍼즐이었고, 질문이었고, 만남이었다. 클레어 콜브룩Claire Colebrook, 2002은 [예술을] 탐구 및 연구와 함께 설명한다.

예술은 '중립적 의미meaning'의 전달 혹은 정보 제공에 입각한 지식을 말하지 않는다. 그것은 그저 구미에 맞거나 소비적인 정보를 생산하는 장식품 내지 양식이 아니다. 예술이 의미나 메시지를 잘 지니고 있겠으나 예술을 예술로 만드는 것은 내용이 아닌 오히려 그 '감응affect', 즉 내용이 산출하는 감각적 힘이나 양식이다.pp. 24-25, 강조는 원저자[12]

예술이 하는 일의 일부는 우리로 하여금 사물에 주목하게 한다는 것이다. 그것은 종종 낡은 것으로 치부된 것을 새로운 방식을 통해 주목하도록 이끈다. 기본적으로 예술은 우리가 사물을 감각하거나 파악하도록 한다.

앞서 언급했듯이, 예술을 우리의 프로젝트에 통합하는 것이 항상 쉬운 일은 아니었다. 예술이 쉬워야 한다는 것, 즉 예술작품이 영감의 한순간에 힘들이지 않고 나타나거나, 예술가가 작품을 미리 알고 있어 구상이 완전히 형성되어 나온다는 것은 흔히 있는 오해다. 예술가의 구상과 이를 물감, 목탄 혹은 점토로 실현하는 사이에는 종종 큰 차이가 있다. 하나의 생각을 가지고 작업을 해나가는 과정은 마치 물질들이 정신 이미지들을 단순히 묘사하듯

---

12. [옮긴이 주] 감응(affect)은 다음과 같이 정의된다. "감화(affection)와 쌍을 이루고 동시에 대조를 이루는 용어. 감화는 개별자에게 영향을 미치는 과정, 이 과정의 결과 또는 감정적인 상태라는 관습적인 의미를 가진다. [이에 반하여] 감응은 감화들로부터 블록에 의하여 추출된 것이다. 지각작용들(perception)로부터 지각(percept)의 블록을 추출하는 것과 마찬가지로, 이 추출작용을 실행하는 것이 바로 예술의 역할이다. 이렇게 추출된 감응은 개별적이거나 인격적인 모든 측면을 잃어버린다"(로베르 싸소 책임편집, 2012, 『들뢰즈 개념어 사전』, 신지영 옮김, 서울: 갈무리, p. 349).

이 그렇게 직접적으로 일어나지 않는다. 거기에는 오히려 사유와 이미지 간의 역동적인 상호작용이 있고, 이 둘 모두 창조의 과정에서 형성된다. 예를 들어, 숀 맥니프Shaun McNiff, 2008는 다음과 같이 쓴다.

> 예술적 탐구는 그것이 연구의 맥락이건 개인적인 창조적 표현이건 간에, 전형적으로 당신이 계획한 바가 최종적 결과를 정의해 낼 수 없다는 깨달음에서 시작한다. … 창조적 과정에서 가장 의미 있는 통찰은 종종 놀랍고 예기치 않게, 심지어 창조자의 의지에 반反하여 나타난다.p. 40

또한 예술은 실패, 실수, 이접disjuncture에 의존한다.Kind, 2007 앨런 토마야얀Alain Toumayayan, 2004이 묘사한 바와 같이, 예술적 영감은 "실패의 결과이며… 자신의 구상, 계획, 그리고 재능의 힘을 능가하는 성취"p. 93이다. 그러므로 창조하는 것은 노력의 한가운데에 즉흥성을 안고 미지에 발을 들여놓는 것이다. 실패, 투쟁, 불확실성, 그리고 결과를 미리 알지 못하는 것은 때때로 교육자들이 받아들이기 어려운 개념이었지만, 이것들은 예술적 실천의 본질적인 요소들이다.

가타리Guattari, 1995와 베넷Bennett, 2010이 묘사한 것처럼, 스프링게이와 로타스Springgay and Rotas, 2014는 아이들에게 탐험과 감각적 경험 그 이상을 제공해 줄 교실 예술에 대해 다음과 같이 쓴다.

예술로서의 교실에 관한 사유에서 가타리[1995]는 제도화된 예술이 아니라 변종의 조성composition이 "단지 문화적 삶에서 위기에 처한 종을 보호하려는 의도가 아니라 결코 보거나 느낀 적 없는 주체성의 전례 없는 양성의 창조와 발전의 조건을 동일하게 불러일으키기 위한"[p. 91] 윤리-미학적 패러다임을 제시한다. 커리큘럼(예: 제도와 관례들) 실행의 특정한 방법을 강화하는 환원주의적 실천을 해체하는 예술로서의 교실, 생태로서의 교실-윤리-정치적 선언-은 "탈형식화의 활동이다."[p. 131] 또한 학교와 일상 모두에서 다르게 사는 방법일 뿐 아니라 연구를 다르게 사는 방법, 즉 "인간 지식의 환경 속으로 완전히 와해되기를 거부하는"[Bennett, 2010: 3] 살아 있는 연구를 살아가는 방법이다.[Springgay and Rotas, 2014: 563]

예술이 감응적 사건으로서 물질적으로 이해될 때, 이는 기능, 형태, 기술로 환원 불가능한 것이 된다. 우리의 프로젝트에서 예술은 느낌과 설명할 수 없는 것을 언어를 초월하여 배우는 관계의 힘이 되었다. 스프링게이와 로타스가 표현한 대로 예술은 사회적 실천이 되었다. 어린이들은 창조하고 있었고 사유로 초대되었다.

스튜디오

미술 스튜디오는 우리의 실험에서 중요한 요소였다. 프로젝트를 통해 그리고 프로젝트와 더불어 스튜디오 자체가 생겨났고 이동했다. 그것은 많은 다른 형태를 취했고 매번 유아교육기관을 다르게 창조해 냈다. 한 유아교육기관에서 우리는 유아교육 전공 학생들의 교실과 연결된 자료실의 작은 공간을 요구했고 전용 스튜디오 공간이 만들어졌다. 또 다른 기관에서 우리는 아트리움을 스튜디오로 바꾸었다. 강이 그랬듯이 숲은 미술 스튜디오가 되었다. 하지만 우리는 그 스튜디오가 무엇이었는지 완전히 정의하지 못했다. 우리는 '아직'이라는 생각 언저리에 머물러 있었다. 우리는 스튜디오의 리듬과 움직임을 따라가 보고 싶었고 궁금해했다. 그리고 스튜디오란 무엇이며 무엇이어야 할지에 관한 사전 지식에 얽매이기보다는 그것의 리듬과 운동을 좇아가길 원했다. 각각의 스튜디오는 천천히 진화했다.

스튜디오에서 우리는 사물들이 존재하는 그대로 받아들이기보다는 질문을 던졌다. 우리는 회화painting 프로젝트를 촉진하거나 계획하기보다 '회화란 무엇인가'를 물었다. 우리는 표식과 이미지적 재현에 대한 강조를 잠시 멈추고, 그 대신 과정에 대한 이해와 지각이 어떻게 확장되고 대안을 가질 수 있는가에 주목했다. 우리는 다음의 질문들을 궁금해했다. 언제 그리기[13]가 시작되는가? 언제 그것이 끝나는가? 그리기의 절차, 리듬, 템포란 무엇인가?

우리는 때로 다소 거칠게 물질과 더불어 실험을 했다. 몇 달 동안 숯을 가지고 집중적으로 실험을 했는데, 유아교육기관을 가로질러 연결된 교실들, 교사들과 아이들의 만남이 일어났고 공간 전체에 공명과 흔적을 남겼다. 그리고 우리가 탐구한 많은 다른 실험들이 있었는데, 예를 들자면, 신체-물질-표면-그리고-공간의 체험된/체험하는 관계를 느낄 가능성을 확장하면서 일어나는 신체와 춤과 그리기의 교차였다. 우리는 물감, 손가락, 그리고 붓이 어떻게 종이를 변형시키는지, 물감이 어떻게 이젤에서 창문으로 움직이는지, 혹은 빛이 어떻게 물감, 나무 그리고 그림을 그리는 표면인 플렉시글라스를 다루는지를 지켜보았다.

우리는 점토가 굴려져 공이 될 때, 바닥을 따라 움직이거나 양동이로 운반되고 싶어 하는 것처럼 보이는 것에 주의를 기울였다. 우리는 몸의 움직임, 페인트 붓, 페인트 통들이 표면 안팎과 주변에서 움직이고 있는 것을 지켜보았다. 우리는 그리기와 썻기, 덮기와 벗기기 의식에 참여했다. 우리는 페인트 색깔이나 진흙이 나무, 하늘, 날씨, 그리고 흙과 어떻게 공명을 일으키는지 알아차리고 응답했다. 그리고 물론 이런 것들에 관심을 기울이면서 우리는 어린이들, 재료들, 예술적인 과정들에 대한 사고방식, 이야기, 가치평가, 반응하는 방식을 바꾸기 시작했다.

스튜디오는 우리에게 속도를 늦추고, 복잡한 시각적, 감각적 디

---

13. [옮긴이 주] painting과 drawing은 모두 '그림', '그리기'로 번역될 수 있으나 의미에서 차이가 있다. 우선, painting은 주로 붓 등과 습식 재료를 사용하여 여러 겹의 채색이 이루어진 작업을 가리키며, drawing은 주로 연필, 목탄 등의 건식 재료를 중심으로 사용한 선 위주의 작업을 의미한다. 이러한 구분이 언제나 적용되는 것은 아니지만 이 연구에서는 유아들이 물감을 '물질'로서 새롭게 만나는 과정을 중심으로 제시되는 용어이므로 painting의 특성을 인식할 필요가 있다. 이 책에서 paint는 '물감'으로, painting은 주로 '그림', '그리기' 등으로 번역하였는데, 한글 용법상 paint의 의미를 명기할 수는 없으나 '물감 등의 습식 재료를 사용한 그리기', 즉 물질의 특성을 포함한 의미임을 주지하기 바란다.

테일을 듣고, 사물들의 특수성이나 '사물임thingness'에 주의를 기울이고, 사물을 부드럽고 정중하게 대하도록 초대했다. 스튜디오는 아이들이 우리와 함께 잠시 멈춰서 물질들의 움직임과 초대를 알아차리고, 드로잉의 소리를 따라가고, 협상하고, 생각의 선을 따라가거나 아이디어, 과정, 물질과 함께 있거나 머물 수 있는 조용한 장소였다. 우리는 강하고 튼튼한 물질들과 섬세하고 깨지기 쉬운 물질들을 함께 잘 작업할 수 있는 공간과 더욱 질감 있고 표현력 있는 예술적 언어를 발전시킬 수 있기를, 그래서 우리의 움직임과 물질, 공간, 표면, 그리고 과정들과의 조우가 다면적이고 복잡하여 생명으로 가득 차기를 바랐다.

처음에 실내 스튜디오는 텅 비어 있었다. 유리로 된 벽돌, (이후 치워진) 시계, 낮은 테이블 한두 개, 작은 의자, 콩깍지, 씨앗, 막대기, 나무껍질, 가지 등의 모음, 종이 롤, 그리고 다양한 그리기 도구들이 놓여 있었다. 스튜디오는 창조적 행위와 물질을 위한 견고한 컨테이너 같은 공간이 아니라 태생적으로 창조적이고creative 창조하는creating 창발적emergent 공간이다. 우리는 이곳이 특정한 '예술적 공간'이기 위해 교실을 채우고 준비하는 일에는 관심이 없었다. 오히려 이 스튜디오가 어떻게 그 쓰임에 따라 모양을 띨 수 있을지를 보고 싶었다.

스튜디오는 거주하는 곳이 되었다. 팀 잉골드Tim Ingold, 2011는 하이데거Heidegger와 마르크스Marx를 빌려, 건설building과 거주dwelling의 차이를 보여 준다. 건설업자는 계획, 도면, 그리고 그들이 건설하려는 것에 대한 계획을 사용하기 때문에 건축물의 형태는 선행 설계의 결과물이 된다. 반면, 거주란 "자동사로서 거주민들이 홀로 혹은 더불어 삶을 살아 나가는 것에 관한 일이다".p.10 거주는 단순히 구조를 갖는 문제가 아니라 생활세계의 흐름 속에 젖어 드는 일이다. 인간은 물론 무언가를 짓는다. 그러나 거주라는 말은 물질을 단순히 다루기만 하는 문제를 넘어 이들과 더불어 작업하는 과정에 관한 설명을 담은 말이자 창발이 생기는 과정에 관한 것이기도 하다.

우리는 스튜디오에서 편안한 리듬을 타게 되었다. 때로는 활기가 넘치는 공간이 되어 활동들로 가득 찼고, 때로는 물질들만 있어 고요하게 보일 때도 있었다. 그러나 그 방의 '비어 있음' 속에서도 항상 움직이는 것들이 있었다. 벽에 그려진 그림들, 나뭇잎과 잔가지 조각들, 유리 벽돌을 통해 들어오는 햇빛은 낮의 시간과 날씨에 따라 변했다. 콩깍지와 잎들은 천천히 그리고 거의 알아볼 수 없을 정도로 움직였지만, 여전히 부식, 건조, 말림의 과정에 있으면서 가끔 방 안의 공기 흐름을 따라가기도 했다. 잉골드2011는 메를로퐁티Merleau-Ponty의 지각 개념과 지각적 세계를 논하면서 다음과 같이 쓴다.

지각한다는 것은 … 세계로 열려 그것을 포용하고 깨달음과 반향의 내적 상태와 공명하는 일이다. … 지각적 몸은 한 번 수용자이자 생산자가 되고 나면 세계 생성의 길들을

그것이 새로워지는 데 기여하는 방식으로 따르게 된다.p. 12

　　스튜디오 공간 자체가 우리를 아름다움, 예술, 경이로움의 세계로 개방하도록 초대했다.

　　스튜디오에 있을 때 우리는 훨씬 더 주의 깊고 신중해졌다. 스튜디오는 우리가 점차 물질, 아이들, 공간, 몸들의 내부-활동intra-activity에 주의를 기울임에 따라 새로운 강도intensity를 만들어 나갔다. 우리는 스튜디오와 다른 방들 한가운데에서 혹은 내부에서 어떻게 물질들이 이동하는지에 관심을 갖게 되었다. 우리는 종이와 같은 물질과 더불어 실험하고, 발명하고, 놀고, 거주하는 시간을 보냈다.

　　여전히 우리는 스튜디오의 본질을 모른다. 그것은 하나의 아이디어일 뿐이다. 그것은 운동장이나 숲과 같이 바깥에서 일시적으로 형성될 수도 있고, 장소와 공간 그리고 벽을 넘어 발산하는 힘과 에너지로 그 특징들이 나타나기도 한다. 우리는 우리가 하고 있는 작업이 존재한다는 것을 우리와 다른 사람들에게 상기시키기 위해 방이나 공간이 필요했음을 안다. 공간은 또한 쉼을, 생각과 더불어 거주할 시간을 허락하였다. 그러나 방이나 공간으로서의 스튜디오 그 자체는 프로젝트의 일부일 뿐이었다. 시간이 지나며 그것은 보다 더 동사처럼, 행위와 행동처럼, 기능과 운동성의 리듬 모음처럼 되어 갔다. 우리가 듣고, 보고, 질문하고, 답하고, 발명하고 실험한 것을 모으자, 그것은 형태를 갖고, 움직이고, 변화하고 되어 갔다. 그것은 엄청난 기대를 갖게 했다.

스튜디오에서 우리가 벌인 실험은 다소 위험했고 종종 엉망이 되어 버리는 만남을 가져왔지만, 기쁨과 모험으로 가득 찬 것들이었다. 이 탐험의 궤적은 여전히 스튜디오 안에서 공명하며 느껴진다.

물질과의 만남, 그리고 레지오 에밀리아 프로젝트

레지오 에밀리아 유아학교 프로그램의 예술 프로젝트https://www.reggiochildren.it/en/와 우리 프로젝트와의 관계에 대한 추가적인 설명이 이 책에서 빠져서는 안 될 것이다. 우리는 그들의 주요한 업적들에 빚을 지고 있다. 하지만 우리는 레지오 에밀리아 접근법을 그대로 따라가며 우리의 작업을 개념화하지는 않는다.

조나 레러Jonah Lehrer, 2012는 그의 책 『상상하라Imagine』에서 밥 딜런Bob Dylan의 작곡 과정에 대해 논의한다. 그는 딜런이 자신의 창조적 과정을 어떻게 사랑과 절도 중 하나로 이해하는지, 그리고 "뼛속 깊이 건드리는"p. 246 소리나 노래를 발견할 때 어떻게 그것이 시작되는지를 설명한다. 그러고 나서 그는 면밀한 연구를 통해 소리가 어떻게 작동하는지 알아내기 위해 그것을 해체하려고 시도했다. 마찬가지로 레지오 에밀리아의 스튜디오 작업은 수많은 유아교육자들을 "뼛속 깊이 건드렸다". 우리 중 많은 사람들은 레지오 교육자들이 아이들의 배움 과정의 중심으로 예술을 받아들인 방법에 큰 영감을 받았다. 예술과 함께해 온 그들에게 예술이란 하나의 보충이나 추가되는 교과목, 또는 단순한 실험이라기보다는 앎 knowing과 존재being의 예술적인 방법에 대한 깊고 지속적인 개입이었다. 이렇게 함으로써 그들은 스튜디오, 아틀리에, 아틀리에리스타atelierista가 배움의 중심에 있음을 보여 준다.Vecchi, 2010 그들의 연구는 배움이 미적 차원을 가지며, 아름다움이 중요함을 지속적으로 되새겨 준다.

하워드 칸나텔라Howard Canatella, 2006, 스튜어트 리치먼드Stuart Richmond, 2004, 일레인 스캐리Elaine Scarry, 1999 및 조 윈스턴Joe Winston, 2008은 미적 즐거움a delight in beauty이 교육의 중심에 놓여야 한다고 말한다. 맥신 그린Maxine Greene, 1984은 예술이란 일상을 바꾸고 유일무이한 차원을 열어젖힌다는 점에서 독특한 것이자 필수적인 것이라고 말한다. 우리가 예술에서 찾은 언어와 이미지는 "더 이상 일상의 삶에서 인식되지 않거나, 보이지 않거나, 들리지 않는 것들을 인식할 수 있게, 볼 수 있게, 들을 수 있게 만들어 준다."Marcuse, Greene에서 재인용, 1984: 129 예술은 강도와 감응의 교육학으로 이끌어 준다. 곧, 그들은 우리가 예상하지 못한 그리고 '아직 아님not yet'Vecchi, 2010 참고의 가능성을 열어 준다. 레지오 에밀리아가 우리 프로젝트에 지대한 영향을 끼쳤음을 부인할 수 없다.

우리가 본 프로젝트를 시작하고 이 책을 쓰게 된 것은 레지오 에밀리아 프로젝트와 관련하여 북미 지역 유아교육에서 일어나는 일들에 대한 관심에 부응하고자 한 것이다. 우리의 관심사는 레지오가 종종 어떤 면에서 어떻게 접근되고 있는지에 관한 것이었다.

레러가 묘사한 바와 같이 레지오에서 영감을 받은 학교와 실천들은 레지오가 했던 것보다 더 사물들이 어떻게 작동하고 형상화되는지를 시도해 보는 경향을 보인다. 모방이 잘못된 것은 아니다. 스캐리Scarry, 1999가 쓴 바와 같이 많은 훌륭한 아이디어들이 복사, 차용 또는 복제에서 탄생했으며 이들 또한 아름다움의 효과 중 하나이다. 그녀는 아름다움이란 영감을 줄 수 있는 능력이자 "자신의 복제에 생명을 준다"p. 3고 강조한다. 하지만 우리의 관심은 단지 레지오의 복제에 생명을 가져다주는 데 있지 않다. 단지 여기에서 작업이 자신만의 표현을 찾아야 하기 때문이 아니라, 레지오의 복제는 이미 알려진 생각을 선행적으로 심어 버리는 과정을 통해 스튜디오를 이미 아는 무언가로 규정지어 버리기 때문이다. 복제는 예술의 '아직 아님not yet'을 놓친다.

이미지를 통해 대화로 초대하기

시각적 문화기술지로서 이미지는 우리가 물질과 마주치는 중심에 있었다. 우리는 앎의 새로운 방법에 대한 가능성을 열기 위해, 그리고 사유를 표현하고 말하기 위해 이미지를 사용하였다. 시각적 자료들이 생각에 움직임을 부여했고 우리의 사유 또한 시각적인 것을 촉발하였다. 그러나 이 책에서는 우리가 수집한 수많은 이미지 중 일부만을 담았다.

우리는 사진과 동영상을 통해 2장에서부터 6장까지에 담긴 아이디어들을 확장해 주는 동반 웹사이트를 개발했다. 사진, 동영상과 글의 세 가지 사건들events은 새로운 관계의 영토를 창조하고 교육적pedagogical 가능성을 만들어 냈다.[14] 각각의 사건은 다른 감각과 접근 방식을 요구했고, 사회적 실제를 각기 다르게 이해하도록 하였다. 동반 웹사이트의 목적을 구성하고 있는 질문들은 이 프로젝트를 통해 탐구하고자 했던 것과 같다. 어떻게 세상을 이미지와 함께 창조할 수 있을까? 이 책이 강조한 바와 같이 우리에게 이미지는 감응적이고 미적인 차원을 제공해 주었다. 사진과 영상은 단지 보는 행위나 사진가의 관점의 재현이 아니라 풍부한 감각적, 관계적, 태도적, 정서적 경험의 표현이었다. 웹사이트의 사진 및 기타 시각적 이미지는 비언어적이고 쉽게 표현되지 않는 성격과 다양한 양식[15], 다면성을 이해하는 데 도움이 된다. 이 책을 보면서 독자 여러분들도 웹사이트를 방문해 보길 초대한다.www.encounterswithmaterials.com

물론 시각자료들이 이 책에 담긴 이야기를 기술하는 역할을 하는 것이 아니다. 마찬가지로, 책과 웹사이트에서 시각화된 자료들은 우리의 탐구에서 일어난 일을 기록한 전부도 아니다. 우리는 의

14. [옮긴이 주] 들뢰즈와 가타리에게 사건은 일상적인 용법, 즉 갑자기 무슨 사고가 벌어졌다는 의미와는 다르다. 그들에게 사건은 깃발의 나부낌, 사람의 표정 등 그것이 발생한 순간에만 존재하고 곧 존재하지 않게 되는 것을 가리킨다. 때문에 고대 플라톤을 비롯한 철학자들은 이런 의미의 사건을 진짜가 아닌 것=시뮬라크르로 폄훼하였다. 반면 현대 철학은 "A나 B가 아니라 A에서 B로 넘어가는 순간, 이 순간 속에서 나타났다가 사라지는 것"(이정우, 1999, 『시뮬라크르의 시대』, 21쪽)에 주목한다. 따라서 이들에게 사건은 생성과 동의어이다.

15. [옮긴이 주] 한 가지를 이해하는 데 다양한 방식의 언어나 방법을 적용하는 것을 의미한다. 예를 들어, 말 언어, 문자 언어, 시각 언어, 수 기호 등을 하나의 주제를 표현하고 이해하는 데 한꺼번에 사용할 수 있으며 이 언어들을 함께 구성하는 과정 역시 이해를 깊이 하는 차원에서 중요성이 있다.

[사진 1.1.] 카메라의 눈을 통해

도적으로 종이, 목탄, 물감, 점토, 블록이 무엇을 '하는지do'에 주의를 기울이고 아이들의 이해, 말, 행동에 담긴 의미 이외의 것을 상상해 보기 시작했다.

실재적인 것, 눈앞에 잡히는 것, 객관화된 세계와 사진의 연합은 여러 가지 면에서 위험한 시선을 띤다. 사진은 종종 현실의 흔적이거나 "실제 세계를 그대로 보여 주는 사본copy"Sturken & Cartwright, 2009: 17으로 이해되는 경우가 많다. 예를 들어, 수전 손택Susan Sontag, 1977[16]은 사진을 "단지 이미지가 아니라(회화가 하나의 이미지인 것처럼), 실제의 해석이다. 그리고 발자국이나 데스마스크[17]와 같이 실제를 그대로 떠낸 흔적이기도 하다"154라고 설명했다.

본 프로젝트에서 우리가 직면한 어려움 중 하나는 재현representation에서 벗어나 생각하는 것이었다. 사진, 특히 영상은 대상의 실존에 대한 증명으로서 역할을 하기 때문에, 사진을 찍는다는 것은 실제와의 특권적 관계와 책임을 가정한다. 대상은 반드시 그곳에 있어 왔던 것이 틀림없고 사건 또한 일어났던 것이 틀림없다. 그렇지 않다면 "그로부터 반사된 빛도 없고 네거티브 필름에서 포착할 만한 어떤 형태도 있을 리 없다."Navab, 2001: 76 결국 사진은

---

16. [옮긴이 주] 미국의 소설가, 문예 평론가, 사회 운동가(1933~2004). 철학적 성격의 문예 및 예술 평론, 사회 문제 및 인권 활동에 대한 직접 참여로 당대 문화계에 영향을 미침.
17. death mask: 본래 사람이 죽은 직후 그 얼굴을 본떠서 만든 안면상을 의미하며, 미술 분야에서는 실제 모델의 신체 일부를 석고 붕대 등의 재료를 사용해 그대로 떠내는 기법을 가리킨다.

실제의 증거이자, 붙잡을 수 있는 세계이다. 사진은 세계에 대한 무언가를 그것이 보이거나 경험하는 대로 시각화visualize하거나 보이게 만든다make visible.

유아교육 맥락에서, 사진이 아이의 내적 세계를 가시화할 수 있도록 돕고 그들의 삶과 관심사와 경험에 대한 통찰을 갖는 데 사용되는 데에서 이 재현의 아이디어가 실제로 사용되는 것을 볼 수 있다.[18] 사진이 아이들의 마음과 삶에서 일어나는 일을 특정한 방식으로 반영하거나 이야기해 주는 반면, 이를 재현한 것들은 세계의 수동성과 감각 주체의 행위를 대비시켜 강조하는 경향을 보인다. 로즈Rose, 2004가 말했듯이, '자아self'는 능동성, 현존, 힘의 한 극으로, 반면 '타자'는 수동성의 다른 한 극으로 가정된다.

사진이 정확한 것 심지어는 구성된 재현이라는 점을 고려하건 아니건 간에, 카메라는 거의 대부분 수동적인 도구 또는 사진작가의 손에 들린 도구로 간주된다. 기계로서 '카메라'라는 프로그램화된 것을 수행한다. 렌즈를 통해 본다는 것은 세계를 객관적으로 포착한다는 것이 되고, 객관적이게 된다는 것은 일반적으로 분리detachment와 해방disentanglement을 뜻한다. 그러나 해러웨이에 대해 논하면서 로Law, 2004는 분리란 결코 가능하지 않은데, 왜냐하면 우리는 "농밀한 물질-기호적 네트워크 속에 … 잡혀 있다. 우리는 우리를 통과하고 우리를 통해 분절되는, 우리의 살, 우리의 시

---

18. Clark, 2005; Close, 2007; Richards, 2009; Thompson, 2008.

각, 그리고 힘의 관계 속에 뒤얽혀 있다. 그리하여 분리란 불가능하다"p. 68고 말했다.

본 연구에서 우리는 카메라를 수동적인 기계나, '합리적인 도구', 또는 객관적인 도구로 사용하지 않았다. 이 책과 웹사이트에서 각각의 이미지는 다른 이미지와의 관계 속에서, 보는 사람 자신의 주관성 및 보는 방법의 관계 속에서, 그리고 맥락, 문화, 역사의 관계 속에서 순환된다. 이미지와 대상은 복잡한 기호학적 망에 얽혀 있다. 로즈2004는 "서로 간의 혹은 세계와의 대화를 발견할 수 있는 소란스럽고 무질서한 이 과정들을 … 주의를 기울인 시간과 공간을 공유한 '우리'를 요구하는 이 대화"p. 21를 수용한다고 말한다. 우리는 사진을 외부나 내부에서 보는 하나의 관점이라고 보기보다는, 세계와 '더불어with', 사이 공간between-space에서 협력하고 운동하는 과정으로 본다. 해러웨이1988가 말했듯이, 우리는 단순히 거기 있는 무엇인가를 명백하게 기록하는 것을 거부하는 비전을 가지고 실험하고자 한다. 따라서 문화기술지에 실려 있는 사진을 포함하여 우리의 목적은 이미지를 대화 속으로 가지고 오는 것이다. 우리는 추후 실험을 위한 제안으로 이미지와 함께 작업한다. 우리는 회절의 과정에 참여한다.

연구 방법으로서의 회절Diffraction as a Mode of Inquiry

이제 더욱 명확해졌듯이, 이 책은 프로젝트 기간 동안 발생한 교육적pedagogical 순간에 대한 반성을 포함하고 있지 않다. 우리는 아이들이 만들어 내는 의미를 이해하거나 페다고지를 해체하려고 그 순간들에 발생했던 것들을 자세하게 이야기하는 것이 아니다. 우리는 회절한다diffract.

우리는 이 책에서 물질과 더불어 사유하는 방식으로서 물리학자 캐런 바라드Karen Barad, 2007, 2011의 생각인 반성reflection과 대조되는 개념, 회절diffraction과 함께한다. 회절은 반성과 반대되는 개념이다. 반성은 계몽주의의 유산인 '재현주의representationalism'와 유사하다. 재현주의는 [대문자] 진리Truth의 철저한 인식론적 행위를 통해서, 그리고 차이를 묘사하는 군건한 경계의 완성을 통해 세계가 완벽하게 재현될 수 있다는 믿음이다. 즉, 진리Truth는 단일하고, 말끔하게 경계 지어진 [대문자] 실재성Reality을 재현한다. 이와 대조적으로 회절은 '수행성performativity'과 동시에 발생한다. 이것은 주제와 객체가 엄격하게 분리하여 붙잡아 두지 않는 대신 세계를 내부-작용의 현상으로 이해하는, 세계와의 직접적인 물질적 개입이다. 반성과 회절은 세계를 보는 방식에 있어서만이 아니라 오히려 세계 안에서, 그리고 세계와 함께 존재하는 데 있어 다른 방식을 제시한다.

우리는 회절이 사유를 생성해 냄을generative 알기 때문에, 각

장의 페다고지의 순간들pedagogical moments들을 마치 일어났던 일들에 대한 이야기를 들려주듯이 순차적으로 제시하지 않았다.[19] 그것은 논리적 구조를 따르지 않는다. 우리는 순간들을 의미로 분석하지도 않고, 모방될 수 있는 이야기로 전개하지도 않는다. 우리는 페다고지의 순간들과 더불어 무언가 새로운 것을 생산한다. 우리는 어떻게 이 순간들이 물질과 물질성에 관해 다르게 생각하기를 도와줄 수 있는가에 관심이 있을 따름이다. 이들은 우리가 다른 것을 만들어 낼 수 있도록 어떻게 도왔는가. 새로운 세계를 창조하라.Haraway, 2008 우리의 관심을 변화시켜라.Latour, 2005a 개념을 통해 사유를 창조하라.

개념과 함께 회절하기

틸Thiele, 2014이 지적한 바와 같이 사유-실천에서 "개념은 세계'로부터의from' 추상이 아니라 세계'의of' 능동적 힘이다. 그러므로 그것은 늘/이미 세계(하기)world(ing) 속에 포함되어 있고 동시에 관계하고 있다. 즉, 이 세계를 향한 구체적인 실천들을 실천하'고and' 상상하고 있다".p. 203, 강조는 원저자 세계하기의 방식들로서 이 개념은 단지 행위이지 설명이 아니다. 브라이언 마수미Brian Massumi, 1987가 상기시켜 준 바와 같이 "개념"은 "이성의 법정을 세우는 데 사용될 수 있거나" "창문을 통해 내던져질 수 있는" "벽돌"이다.p. 173 우리

---

19. [옮긴이 주] 들뢰즈와 가타리는 이미 알고 있는 지식의 재현인 '상기reminiscence'를 비판하고 '탄생=창조'에 보다 많은 관심을 보인다.

는 이 책의 개념들과 물질들이 완수하고 반복해야 할 일상이나 절차가 아니라 페다고지를 다르게 생각할 수 있는 초대가 될 수 있기를 희망한다. 새로운 개념을 창조하고 새로운 세계가 물질을 통해 중요해지는 초대이길 바란다. 스탕제Stengers, 2005의 말을 빌리면, 개념이란 새로운 세부details를 이해하고 우리 자신과 방식 모두를 변형시키는 사유의 기술이자 힘이다.

결국 우리가 더불어 사유하고자 선별한 개념들은 사유 확장을 돕는 다른 개념들에 연결된다. 이 모든 개념들은 이론적 영감으로부터 도출되었다. 프로젝트와 마찬가지로 이 책은 관계적 존재론과 수많은 환경주의 인문학자들, 철학자들, 과학 분야 연구자들, 인류학자들, 문화지리학자들, 예술가들과 많은 이들에 의해 발전된 상대적 존재론과 인간 이상more-than-human으로서의 존재-인식론에서 영감을 받았다.[20] 이들은 물질을 맹렬히 축적하고는 대량으로 내다 버려 독이 되고 우리의 지구를 위험에 빠뜨리는 물질적 인간주의와 자본주의의 이야기를 변화시키길 원한다.

---

20. Barad, 2007, 2011; Bennett, 2004, 2010; Deleuze & Guattari, 1987; Haraway, 2008, 2015; Ingold, 2011, 2013; Law, 2004; Oates, n. d.; O'Sullivan, 2006; Puig de la Bellacasa, 2015; Rose, 2004; Springgay, 2011, 2012; Stengers, 2015; Tsing, 2005, 2011, 2012, 2013; van Dooren, 2014; van Dooren & Rose, forthcoming; Wolseley, 2016; Zhang, n. d., 2009.

종이, 목탄, 물감, 점토
그리고 블록과 함께하는 이 책의 얽힘

This Book's Entanglements With Paper, Charcoal,
Paint, Clay, and Blocks

이 책은 물질들에 의해 조직되어 있다. 각 장은 우리가 교실에서 협력할 때 중요했던 물질들과 관련된다. 그러나 해당 장이 그 물질에 대해 설명하지는 않는다. 대신 각 장은 물질과 더불어 페다고지를 다르게 사유할 개념들과 스스로 (회절하고) 연결한다. 우리는 틸Thiele, 2014에게 영감을 받아 사유를 가능하게 하는 개념을 따라, 물질에 대해 글을 쓸 때 물질과 더불어 생각하고 실천한다think-practice. 그 물질과 개념은 다음과 같다.

- 종이: 운동
- 목탄: 만남
- 물감: 배치
- 점토: 생태학
- 블록: 시간

2장에서 우리는 어떻게 물질들이 세계의 흐름, 리듬 그리고 강도에 완전히 흡수되는지에 관한 이야기를 들려주기 위해 종이와 더불어 쓰기 시작한다.Pacini-Ketchabaw, 2010 종이가 세계의 운동과 상호작용할 때 종이의 다재다능함, 다양성, 매혹적인 힘과 위태로운 나약함은 무엇을 하는가? 이 물음을 탐구하기 위해 우리는 종이의 표면과, 함께 작업하고 사유하는 순간들을 발생시키는 표면으로서의 종이 양쪽 모두에 주목한다. 어떻게 하면 종이를 우리의 상상력을 열 수 있는 방식으로 바라볼 수 있을 것인가?

종이는 우리의 생각 속에서 어떤 활동을 펼칠까? 우리는 종이가 무엇을 하는지에 주목한다. 곧, 아이들의 몸에 붙고, 교실 속을 날아다니고, 자유롭게 복도를 모험하고, 표면에 내려앉아 (단지 일반성으로 존재하는 종이가 아닌) 특정한 것이 되어 가는 것 말이다. 우리는 놀이하면서 공기의 운동에 완전히 흡수되는 종이의 능력을 좀 더 과장해 보기로 한다. 일들이 벌어진다. 우리, 나무, 환풍구, 선풍기가 그렇게 하듯 아이들이 모여든다. 종이가 응답한다. 모든 것과 모든 이들이 응답한다. 그리고 새로운 물음이 솟아오른다.

3장에서 우리가 마주치는 목탄은 갑작스레 모든 사물을 지각 불가능한 것으로 만들어 놓는다. 우리는 새로운 방식들로 이야기를 들려줄 가능성을 만들어 내는 방법으로 목탄이 어떻게 덮고cover, 벗겨 내는가uncover에 관해 실험한다. 우리는 궁금해한다. 우리는 이야기들을 어떻게 말할까? 우리가 이야기를 하는 방식을 통해 어떤 역사가 나타날까? 어떤 역사가 목탄이나 카메라 렌즈를 통해 보이지 않는 것인가? 목탄은 우리가 말할 이야기에 어떤 흔적을 남길까? 결코 벗겨지지 않을 흔적들은 무엇일까? 목탄이 덮

[사진 1.2.] 뜯고, 찢고, 치대고, 골똘히 생각하고, 흔들고

[사진 1.3.] 갈고, 으스러뜨리고, 으르렁대고, 울부짖고, 발굴하고, 파내고

을 때와 벗겨져 사물들이 나타날 때 어떤 형태가 생길까?

목탄이 어디에나 남긴 잔여물을 통해 우리는 어떤 이야기를 할수 있을까? 예를 들어, 만일 우리의 몸, 숲, 나무, 손톱, 옷, 혹은 우리 자신, 혹은 교육자들이나 다른 어떤 것들 뒤에 남은 목탄의 흔적을 알아차리기를 원했다면 이와 다르게 이야기할 수 있을 것이다. 중요한 것은 우리가 덮고 벗겨 내는 목탄의 운동과 함께할 때 목탄이 무엇을 움직이게 만드는지가 아닐까?

물감은 4장을 통해 흘러내리고 새로운 행위들을 배치한다 assemble. 여기서 우리는 물감의 초대에 응하여 그것들을 통해 무엇이 생성되는가를 본다. 물감은 어떻게 서로 다른 물질과 아이들을 초대하고 응답할까? 바닥, 이젤, 벽, 몸, 붓 위의 물감은 다른 행동, 움직임, 다른 존재와 생성으로 초대한다. 아이들과 다른 물질이 물감의 자극에 응답하는 방식 또한 각자가 참여하는 과정에서 달라진다. 예상되거나 정해진 것은 아무것도 없다. 가능성들은 무한하다. 그러나 역사는 이러한 초대로부터 일어나며 이 역사들은 물감과의 만남을 한정하고 형태를 만든다.

우리는 생성을 위한 공간으로 이 제약들을 이용한다. 물감은 교실에서 다른 사물과 관계하며 점성, 부드러움 그리고 미끄러움을 물질화시킴으로써materialize 행동하는 하나의 사건이 된다. 물감은 독자들이 그와 더불어 사유하도록 그리고 물감과 함께 무언가를 하도록 초대한다.

점토는 주조되고 5장의 형태를 만든다. 여기서 우리의 관심은 점토가 점토가 될 때, 물질이 그 궤적을 통해 물질이 될 때이다. 또, 우리는 어떻게 점토가 그 생태들 안에서 행동하고 상호작용하는가를 발견하길 원한다. 숲속의 땅에서, 강에서 퍼 올려질 때, 스튜디오에 들어올 때의 생태이다. 우리는 점토가 요구하는 바에 대해 생각한다. 즉, 우리가 모양을 갖춘 최종 작품을 볼 때, 우리와 만난 후 점토가 대지로 돌아갈 때, 점토가 우리와 함께 작업할 때 우리의 움직임에 응답할 때, 하나의 모양으로 그대로 있길 거부할 때, 그것이 아이들의 움직임과 더불어 스튜디오를 흐를 때, 그것이 강한 열로 인해 휘어질 때 말이다. 우리는 아이들과 내부-작용하면서 나타나는 점토의 모양을, 유연성을 통해 끊임없이 초대하는 점토의 변형을, 공기나 건조함과 접촉했을 때에 사물의 운동을 느리게 만드는 능력을 따라간다. 우리는 신발, 주머니, 손, 부츠, 솔잎, 물, 돌, 잔가지와 상호작용하면서 점토의 예측 불가능한 움직임을 따라간다. 점토를 따라감에 따라, 다시, 물음도 생겨난다.

시간, 막대기, 관, 의자, 양동이, 공작용 점토, 종이, 아이들과 상호작용하면서 나무 블록은 6장을 구성한다. 우리는 두 가지 물음을 다룬다. 곧, 우리가 블록이 무엇을 하는가에 주목할 때에 어떤 일이 벌어지는가? 다른 사물과 상호작용하며 움직이고 있는 블록에 주목한다는 것은 무엇인가? 우리는 빠르게 나무 블록의 안정성과 정적 조건에 호기심을 가지게 되었고 이를 혼란스럽게 하는 움직임과 더불어 작업하기 시작했다. 블록이 움직이는 방식과 그 운동을 제약하는 힘에 대해 주목함으로써 우리는 일상의 리듬과 고

[사진 1.4.] 섞고, 만지고, 찌르고, 쓰다듬고, 치고, 손가락으로 튀기고, 웃고

[사진 1.5.] 문지르고, 비비고, 흔들고, 흐르고, 녹고

요함 그리고 순간의 강도에 주목하지 않을 수 없었다. 블록들은 상이한 시간 속에 다르게 움직이고, 시간은 블록과 더불어 다른 삶을 산다. 그래서 시간은 다른 물질이 되어 개입한다.

2장에서부터 6장까지는 서로 연관되어 있다. 모든 아이디어들이 얽혀 있다. 예를 들어, 비록 2장이 운동을 통해 종이를 살펴보고 있더라도 다른 개념들이 여전히 이 활동에 개입하고 있는 식이다. 3장이 목탄과의 마주침을 보고 있긴 하지만 운동은 여전히 여기서 중요한 부분이 된다. 따라서 아이디어들은 반복되고 개념들은 얽히지만 각각의 사물들은 각 장에 이르러 보다 풍요로운 관점을 선사한다.

이 책의 후기에 이르면 이 물질들 모두가 '주목하기의 페다고지the pedagogy of noticing'라는 간략한 이야기를 하고 있는 지점으로 모여든다. 우리가 물질과의 얽힘에 주목하고 주의를 기울일 때에 어떤 일이 벌어지는가? 우리의 페다고지에 더 많은 것들이 들어올 수 있도록 허락할 때에 어떤 일이 벌어지는가? 물질을 '관계relations' 속에서 주목하는 것이 유아교육early chlidhood pedagogies에 가능성을 열어 줄 수 있을까?

이제 우리는 종이 등의 물질과 더불어 실험하기를, 발명하기를, 놀이하기를, 그리고 시간을 내어 거주하기를 시작한다. 우리가 종이와 함께 놀 때 우리의 사유 또한 그 특성을 취할 수 있게 되고 더욱 종이처럼 될 것이다. 즉, 변형 가능하고, 제약받지 않으며, 유연하고, 때로 둥둥 떠 있고, 영향을 잘 받고, 커지기도 하고, 펼쳐

[사진 1.6.] 쌓고, 달가닥대고, 후려치고, 두드리고, 넘어뜨리고, 떨어지고, 보고

질 것이다. 교사와 아이들이 이 움직임에 함께 참여할 때 종이는 평범하지만 정말 마법과도 같은 것이 된다.

2장

종이: 운동
Paper : Movement

종이는 펄럭거리고, 떠다니고, 활주하고, 공중에서 돌고, 높이 치솟고, 찢어지고, 흔들리고, 날아오르고, 구르고, 모이고, 구기고, 주름잡고, 받고, 접고, 구부러지고, 덮고, 휘두르고, 펄럭이고, 멈추고, 뭉치고, 흩어지고, 휘어진다. 우리는 종이에 생기를 불어넣고, 날려 보낸다. 우리는 그것을 날리고, 씹고, 붙이고, 입고, 하늘로 올리고, 그것으로 포장하고, 읽고, 그림 그리고, 넘기고, 모으고, 칠하고, 힘을 가하고, 덮고, 색을 입힌다. 우리는 그것을 열고, 봉하고, 채우고, 비우고, 잡고, 묶고, 쓰고, 배열하고, 꼬고, 뒤집고, 재배열하고, 벗기고, 다시 덮고, 풀고, 흔들고, 붙이고, 주름잡고, 간질이고, 걸치고, 이어 가고, 순환시키고, 쓸어 담고, 벗기고, 다시 입힌다.

이 장은 종이로 시작한다. 이 종이는 매우 평범한 일간 신문인 〈밴쿠버 선The Vancouver Sun〉이다. 지역 신문인 이 종이는 매일 아침 우리들의 집과 연립주택들, 아파트들에 배달되었다. 그것들은

[사진 2.1.] 물질은 복잡한 방식으로 세상을 살아간다.

한 번 혹은 가끔은 두세 번 읽힌 후에 재활용함에 버려졌다. 우리는 물질들과 아이들과 함께 존재하는 길로 우리 자신들을 향하게 하는 여정을 시작하는 데에 빠져들 수 있을 만큼 충분한 양의 신문들을 몇 아름 모았다. 우리는 "쓸모없고", "다 쓴", 그래서 치워지고 재활용되기를 기다리는 평범한 종이들과 함께 이 여행을 시작했다. 우리는 재활용함에서 재활용 창고로 옮겨 가는 이 물질들의 흐름에 끼어들었다. 우리는 하나의 장소에서 또 다른 곳으로 움직이는 종이의 그 생의 흐름 속으로 걸어 들어가면서, 종이를 이해하는 노력을 하고 싶었고, 우리가 종이와 더불어 있다는 것이 어떤 의미인지 이해하고 싶었다. 우리는 궁금했다. 만약 우리가 종이를 주목할 만한 가치가 있는 물질로 여긴다면 어떨까? 어떤 물질이 그 자신의 움직임, 역사, 그리고 가능성을 가진다는 것은 무엇일까? 만일 우리가 종이를 가지고 작업하는 것처럼, 종이가 우리를 움직이게 하는 잠재력이 있는 물질로 생각한다면 어떨까?

흔히 종이는 우리가 메시지, 목록, 표식, 의미, 스케치, 그림, 이야기, 혹은 소식들을 담을 때 사용하는 어떤 표면처럼 여겨진다. 그날의 헤드라인을 읽고 난 다음에는 더 이상 신문을 필요로 하지 않는다. 우리는 보통 어떤 페이지를 그림으로 한 번 채우고는, 그 그림을 말린 뒤에는 그것을 돌돌 말아서 아이가 집에 가져갈 때까지 서랍에 보관한다. 우리는 이러한 흐름에도 끼어들고 싶었다.

어떻게 해야 종이를 다른 방법으로, 놀라운 방법으로 알 수 있을까? 팀 잉골드Tim Ingold, 2011는 자신들의 이야기를 통해서 알려진 수수께끼로서의 물질들에 관해 썼다. 만약 종이가 수수께끼라면 그들의 이야기는 무엇일까? 이러한 방법으로 종이를 안다는 것은 단지 그것의 성질이나 속성을 묘사하는 것을 의미하지 않는다. 이것은 종이가 어떻게 움직이는지를 알게 되는 것이고, 종이가 움직이고, 섞이고, 수정되고, 변화할 때 어떤 일이 벌어지는지를 묘사하는 것이다. 잉골드는 물질이 동사이고 행함doings이라는 것을 강조한다. 그렇다. 우리는 종이한다We paper. 우리는 그린다We paint. 그래서 우리는 물질들의 행위action 언어에 주목하고자 한다.

우리가 종이에 더욱 집중하기 위해 작업실에 종이를 가지고 갈 때, 우리는 이 세계에 정적인 것은 없다는 것, 모든 것은 다 움직이고 있다는 것을 발견한다. 사물들은 움직이고, 신체들도 움직이며, 물질들도 움직이고, 공기도 움직이며 세계의 모든 것은 서로 다른 리듬과 강도로 움직인다. 삶은 움직임, 새로운 생성과 발현들로 가득 차 있다. 움직임들은 느껴지고, 관찰되고, 극적이고, 집단적이며, 연출되고, 드물게 지각된다. 향하는 움직임과 멀어지는 움직임, 이러한 순간으로부터 나오고 생성되는 발현으로서의 움직임이 있다. 또한 행위로서의 운동과 행위 되는 것으로서의 운동이 있다. 물질들의 운동과 행위를 배우는 가운데 우리는 다른 질문을 할 수 있는 방법을 찾는다. 물질과 함께 움직이는 것을 배우고 그에 응답하여 우리가 움직여지는 방법들에 주목한다. 우리는 바로 배움 자체가 운동임을 배운다.

독특함(특이성)Singularity[21]

엘리는 젖은 종이 반죽 대접이 놓인 탁자 앞에 앉는다. 엘리는 기다란 사각 신문지 위에 미끄러운 풀을 조심스레 펼치고는 대접 위에서 반죽을 가볍게 두드린다. 잠시 멈춰 반죽의 위치를 고려한 다음, 떼어 냈다가 뒤집고, 다시 멈춘 뒤 반죽 조각을 살핀 후 다른 자리를 향해 방향을 바꾼다. 우리는 그가 얼마나 예리하게 관찰하며 손, 대접, 종이받침 사이의 접촉들, 반죽의 건조와 수축, 종잇조각이 달라붙거나 떨어져 나가는 걸 계산하고 있는지를 눈여겨 지켜본다. 엘리는 어떤 종잇조각들에 끌리는 것 같아 보인다. 하나를 만져 보더니 들어 올려 표면을 탐색하고 뒤집는 그릇과, 종잇조각, 풀, 숨결의 리듬감 있고 집중된 상호작용으로 그릇의 곡면에 응답한다. 그의 숨결은 느려지고 우리의 숨소리도 따라서 느려진다. 만약 이것이 악보였다면 마치 활이 길게 늘여진 현 위를 움직이는 것처럼 깊고 공명이 있는 첼로 연주였을 것이다. 각 종잇조각의 특이성에 집중하는 엘리의 모습을 지켜보는 우리의 숨 역시 함께 깊어진다.

우리가 종이 실험을 신문지로 시작한 이유는, 양이 풍부하고 주변에서 쉽게 구할 수 있었기 때문이다. 신문지는 아무것도 적히

---

21. "특이성은 규칙적이고 위치를 정할 수 있는 점들의 정렬인 현실적인 선과, 한 특이성으로부터 다른 특이점의 이웃에까지 이르는 위치를 정할 수 없는 연장인 잠재적인 발산하는 계열들 사이의 차이를 규정짓는다. '두드러진 점들'이 현실적인 몸의 분화된 요소들을 규정할 수 있다면, '특이점들'은 항상 미분적인, 미분화된 관계를 규정하고, 잠재적인 본질에 의하여 이념의 관계들의 변이 정도를 규정한다"(로베르 싸소 책임편집, 2012, 『들뢰즈 개념어 사전』, 신지영 옮김, 서울: 갈무리, pp. 480-481).

지 않아 뭔가가 쓰이기를 기다리는 새 종이와 같은, 구매해야 하는 어떤 새 물건이 아니었다. 신문지는 이미 그 생과 목적을 다한 사물이다. 신문지는 버려지기 전 각 가정에서 우편함에 배달돼 사람들의 손에 들려, 아마도 모닝커피 한잔과 함께 읽히고는 직장이나 카페로 갔을 것이다. 신문지는 어린이가 사용하도록 만들어진 것은 아니다. 신문이 비록 많은 아이들에게 친숙하지만, 신문에 담긴 기사들은 이제 걸음마를 배운 아이들이 이해할 수 있는 내용이 아니다. 물론 아이들도 사진의 의미는 대체로 이해할 수 있고 글자나 숫자를 이해하는 경우도 가끔 있겠으나, 아이들은 우리가 보통 대하는 방식으로 신문을 생각하지 않는다. 아이들은 그보다 신문지의 독특성에 끌렸다. 사물로서의 신문지나 일반적인 의미인 종이 신문이 아니라, 특정 상황에 있는 종이의 특정 조각에 끌리는 것이다. 고유한 조각, 고유한 상황에 말이다.

아이들 몇 명이 물이 담긴 용기와 신문 조각이 담긴 큰 대접을 들고 스튜디오의 투명 유리창 앞에 모인다. 아이들은 신문 조각을 하나씩 물속에 집어넣어 투명한 유리문 겉면에 붙인다. 따뜻한 아침 햇살이 유리를 통과하면서, 종이 반죽은 더욱 빨리 마른다. 신문 조각 몇 개는 문에서 떨어지지만, 나머지는 붙어 있다. 교사들은 유리문, 물, 빛, 온도 등의 관계를 이해하려는 아이들의 리듬에 자연스레 얽혀 든다. 물이 너무 적을 때 종이는 유리문에 달라붙지 않으며, 너무 많으면 미끄러져 내려온다. 적당하게 물을 섞어야 제자리에 붙는다.

신문지는 그만의 독특성을 가지고 아이들과 교사에게 여러 가지 질문을 한다. 이 종이는 무엇이었나? 그것은 왜 여기에 있었지? 무엇에 쓰였던 것인가? 그것으로 무엇을 할 수 있었나? 그것은 무엇이 될 수 있을까? 우리는 알고 싶었다. 그래서 우리는 이미 움직이고 있는 일상의 물질로 수업을 시작했으며 아이들의 움직임을 따라다녔다. 손의 회전, 손가락 튕김, 몸이 내뿜는 숨의 오르내림, 신문 조각을 길고 가늘게 찢는 행동 같은 것들 모두가 우리에게 신문지 조각 하나하나와 아이들의 미세한 움직임에 주목하게 만들었다. 미하이 칙센트미하이Mihaly Csikszentmihalyi, 1990는 이러한 순간을 몰입flow으로 설명한다. 신체, 물질, 사유와 호흡이 시간 밖에서 함께 움직이는 순간이다. 머지않아 우리는 만들기, 신체화된 감각들, 만들기의 움직임에 우리가 어떻게 감응되는지, 그 리듬과 흐름에 주목하게 되었다.

만들기의 운동The Movements of Making

영유아기에 물질은 만들기와 긴밀하게 연결되어 있다. 물질들은 자주 아이들이 무언가를 만들거나 창조하는 대상으로, 아이들은 이 물질들을 통해 표현되기를 기다리는 온갖 아이디어로 가득 차 있는 것처럼 전제된다. 그렇다. 힐레비 렌즈 타구치Hillevi Lenz Taguchi, 2010가 기술했듯이, "우리의 사고가 물질적 세계를 토대로 작동하

는 것처럼 물질적 세계는 우리의 사고 위에서 작동한다".p. 49 우리
는 물질에 의해 움직이고 물질 자체의 성질과 생동감에 의해 추동
된다. 그것은 결코 사고가 형태에 직접 영향을 미친다는 것처럼 단
순하지 않다.

따라서 만들기는 그것이 실제 대상물을 결과로 하든, 일련의
사건에 참여하든 간에 물질에 대한 리듬과 느낌을 발달시키는 연
금술적인 과정을 포함한다.Ingold, 2013 잉골드2011, 2013는 엘킨스Elkins
를 인용하여, 연금술을 물질과 더불어 고투하는 오래된 작업으
로 묘사한다. 그것은 물질들에 어떤 일이 일어나고, 물질들이 어떻
게 느끼고 어떤 모양인지 발견하고, 물질이 섞이고, 가열되고, 식
고 혹은 다른 요소들과 물질과 조합될 때 그것을 따라 배워 가는
것이다. 예를 들어, 물감의 연금술은 "특정한 물질의 혼합이, 붓에
얹혀서, 그것을 쥐고 있는 손을 통해 집행되는 특정한 신체의 동
작과 함께, 하나의 움직임으로 모이는 것"Elkins, Ingold, 2013: 28과 연관
된다. 이러한 방식으로 "하나의 물질은 그것이 무엇인가what it is에
의해 알려지는 것이 아니라 그것이 무엇을 하는가what it does를 통
해 알려지고."Ingold, 2013: 29 만들기는 다양한 운동들과 몸짓들을 포
함한다.

아이들 몇 명이 물이 담긴 용기와 신문 조각이 담긴 큰 대접
을 들고 스튜디오의 투명 유리창 앞에 모인다. 아이들은 신문
조각을 하나씩 물속에 집어넣어 투명한 유리문 겉면에 붙인다.

따뜻한 아침 햇살이 유리를 통과하면서, 종이 반죽은 더욱 빨리 마른다. 신문 조각 몇 개는 문에서 떨어지지만, 나머지는 붙어 있다. 교사들은 유리문, 물, 빛, 온도 등의 관계를 이해하려는 아이들의 리듬에 자연스레 얽혀 든다. 물이 너무 적을 때 종이는 유리문에 달라붙지 않으며, 너무 많으면 미끄러져 내려온다. 적당하게 물을 섞어야 제자리에 붙는다.

도널 오도너휴Donal O'Donoghue, 2015는 이브 세지윅Eve Sedgwick을 인용하여 만들기를 물질과 세 가지 방식으로의 대화로 설명한다. "그것이 내가 무엇을 할 수 있도록 하는가?", "그것은 무엇을 하고 싶어 하는가?", "내가 하기를 원하는 것은 무엇인가?"p. 107 오도너휴2015에 의하면 "이러한 잡아당김, 이끎, 밀어냄, 밀침들, 이러한 주고, 받고, 가져가고 빼앗기는 행동들, 그리고 개념적으로, 본능적으로, 지적으로, 감응적으로affectively 여기저기 여행할 수 있게 하는 이런 기회들"p. 107은 끊임없는 협상들과 운동들이다.

종이 또한 그 고유의 경향을 갖고 있다. 종이는 물 위에서 그리고 물과 함께, 벽, 마루, 문, 그리고 어린이의 신체들과 함께 행위를 한다. 종이는 그것이 어떻게 떠다니는지, 어떻게 얇아지는지, 서로 다른 조건 아래 어떻게 벽, 창문, 다리에 달라붙는지, 어떻게 느끼는지, 어떻게 떨어져 나가는지, 무엇을 하는지, 어떻게 움직이는지를 통해 알려지게 된다. 종이를 만지고, 구부리고, 접고, 구길 때, 그것이 수용적이고, 반응적이고, 유연하며, 흡수적이고 호응적임을 알게 된다. 이러한 움직임들은 섬세하지만, 종이와 더불어 작업한다는 것은 끊임없는 동작 속에서 물질과 함께 움직이며, 그 힘에 함께하고[Ingold, 2013] 그 경향성에 반응함을 의미한다. 하나의 사물은 "물질의 변형과 함께하는 몸짓의 춤"[2013: 26]을 통해 또 다른 곳으로 이끈다고 잉골드는 말한다. 어디에서 끝날지 그 누구도 확신할 수 없다.

> 스튜디오는 신문 조각으로 가득하다. 일부는 쓰레기통에 들어 있고, 다른 일부는 옆에 서 있는 커다란 투명 아크릴 튜브에 가득 담겨 있으며, 바닥에는 수많은 다른 신문지 조각이 널려 있다. 케일은 종이 반죽 액이 담긴 얕은 용기 옆 바닥에 앉아 있다. 그는 신문지 조각 하나를 주워 들어 물에 담근다. 신문지는 금세 떠올랐다가, 곧 이 액체를 받아들이더니 만질 때 미끌미끌한 느낌을 준다. 액체에 오래 담가 둘수록 신문지는 더욱 미끌미끌해진다. 케일의 손가락이 신문지에 닿고, 신문지가 액체와 닿자 무언가가 제안된다. 케일은 신문지 조각을 다리 위에 올려 보고 잠시 멈춰서 그만의 연금술을 실험한다. 그 느낌이 상쾌하고 좋다. 그는 충동적으로 젖은 신문지로 다리를 덮어, 손가락, 종잇조각, 액체, 다리 사이의 흐르는 움직임을 느낀다. 신문지는 피부 위에서 미끄럽고 차갑다. 곧 주변의 다른 아이들과 교사들이 모여들어 무슨 일이 벌어지는지 지켜보기 시작한다. 이어서 다른 아이들도 손을 액체 속 신문지에 담그고 신문 조각을 넘기며 케일의 실험에 동참한다.

계속되는 동작Continuous Motion

만들기에 관해 생각할 때 이러한 움직임들이 선형적 방식으로 순차적이고 지속적이라고 생각하는 실수를 할 수 있다. 종이를 가지고 놀이하고, 물질을 탐색하는 것이 일련의 몸짓과 움직임을 통해 목표에 도달하는 과정이라고 여길 수 있다. 혹은 재료를 가지고 수행하는 이러한 작업 과정이 하나의 상태에서 다른 상태로 이어져, 어린이가 용이 되거나. 어떤 표현 대상이 만들어지거나, 다리가 신문지로 덮일 때 끝이 나는 것이라고 생각할 수도 있다. 그러나 이러한 움직임들은 반복되고 서로 지속적 교환을 오고 가며 하나의 동작이 다른 동작에 영향을 준다. 이런 움직임들은 무언가가 만들어진 후에도 반향을 일으키며 오랫동안 지속된다.

> 오전 수업 후 교사가 청소를 할 때 신문 몇 조각이 빗자루에 걸리거나 자루에서 빠져나온다. 쳐다보고, 잠시 지체했다가, 자루가 뒤집어진다. 수백여 개의 신문 조각이 빠져나온 몇 개 조각과 섞여 들어가고, 어린이들은 신문지 쓸기 놀이에 뛰어든다.

종이와의 움직임은 채우고, 비우고, 쓸어 내고, 덮고, 벗겨 내는 일들의 행함doing과 되돌림undoing의 리듬과 반복이다. 우리는 사물을 계속 움직이게 하고 싶은 욕망을 본다. 그 자체는 의식적인 욕망이 아니다. 이는 들뢰즈[1997, G2 문단]가 설명한 삶의 운동과 유사한 욕망이다. "욕망은 그 어떤 결여로 구성된 것이 아니며 태생적으로 주어진 것도 아니다." "그것은 진행 과정이고, 구조 혹은 발생과는 대조적이며 감정에 반하는 것으로, '이것임haecceity'(특정 어느 날, 어느 계절, 어떤 삶의 개별성)이다." "그것은 사물이나 개인과는 대조되는 사건이다." "그것은 강도, 문턱, 연속적 변화gradient, 흐름에 의해 규정된다."

뒤집어진 간이의자 위에 커다란 운동용 짐볼이 올려져 있다. 신문조각과 종이 반죽 액체를 연결해 보라고 손짓한다. 아이들은 수 주일 동안 덮기와 벗겨 내기의 리듬을 반복하며 논다. 신문지는 한 조각 한 조각씩 액체에 담기고, 짐볼의 둥근 표면은 마치 종이 달을 닮게 될 때까지 신문지로 덮인다. 그러나 그 상태로 머무르지 않는다. 일단 종이로 덮이면, 종이 달은 다시 해체되고, 신문지는 계속 움직인다. 신문지가 한 조각 한 조각 벗겨져 마침내 짐볼을 다시 볼 수 있게 되고, 끈적끈적해진 신문조각은 다른 용도로 사용하기 위해 모아 둔다. 어느 날 잠시 멈춤이 있다. 화재경보가 울린다. 중단되긴 했지만 마침내 공이 종이에 덮인다. 종잇조각이 마르면서 줄어들기 시작하자 반달 모양이 보라색 짐볼에서 잘려 나가고, 달은 이제 종이 대접이 된다. 대접은 여기저기 돌아다니며 잠시 모자가 되거나, 쉼터, 이동수레, 보트, 욕조, 숨바꼭질 장소 등으로 변신한다. 종이 대접은 아이들의 손, 공기, 온도, 발 등에 반응하면서 진화한다. 종잇조각이 떨어지고 종이 대접이 방을 돌아다니며 운동하는 동안 조각들이 떨어져 나가며 해체되기 시작한다. 신문지는 여전히 다른 그 무언가 되기의 과정에 있다.

예술가 앤디 골즈워디Andy Goldsworthy는 비슷한 방식으로 그러한 움직임과 작업을 했다. 그는 자신의 작품을 일시적이고 짧은 순간의 것이라고 여긴다. 골즈워디는 "나는 나의 예술이 물질, 계절 그리고 날씨의 변화에 감각적이고 기민하게 되기를 바란다. 각각의 작품은 성장하고, 머무르고, 쇠퇴한다. 진행과 쇠퇴는 암시적이다. 내 작업에서 일시성은 내가 자연 속에서 발견한 것을 반영한다(4문단)"라고 말한다. 골즈워디와 마찬가지로 종이와 함께하는 우리의 작업 또한 비영속성을 통해, 지속적인 움직임 속에서 작동되었다. 우리는 '완벽'과 경직된 연출에 저항해야 했다. 대신 우리는 움직이고 있는 물질의 강도와 흐름과 함께 참여자가 되었다.

흐름 속의 포착Caught in the Currents

케일과 그레이슨이 스튜디오 테이블에서 신문 조각을 한 아름 들어 흔들고, 던지고, 테이블 밑을 기면서 놀고 있다. 두 팔은 펼쳐 마치 하늘을 나는 모양이다. 우리는 이에 반응하며 아이들의 행위를 확장시켜, 아이들의 움직임을 따라 반복하고 이 놀이에 선풍기를 들여와 그 놀이를 극대화시킨다. 매일 놀이의 끝에 어떻게 신문 조각이 문 밑을 미끄러져 나가 복도로 나갔는지에 주목하고, 우리는 신문 조각을 천장에 매단다. 우리는 이것들이 공기의 운동을 포착하기를 기대하며, 신문지와 공기의 운동이 눈에 띄도록 한다. 아침에 아이들이 스튜디오에 들

어올 때 선풍기가 만들어 내는 미풍이 아이들을 맞이한다. 폭
이 좁고 투명한 기름종이들이 천장에 매달려 있고, 신체들의
움직임과 순환하는 바람과 함께 흔들린다.

물질을 언제 만나든 그것은 운동 중인 물질이다. 종이는 시간
이 지나면서 누렇게 빛바래고, 습기에 휘어지고 꼬이며 더 다루기
힘들어지고, 미풍 속에서 혹은 방 안 신체들의 움직임에 따라 변화
한다. 천장에 매달린 종이는 천장에 붙어 있던 테이프의 접촉 부분
이 건조되면서, 혹은 천천히 가해지는 중력에 따라 떨어진다. 우리
는 능동적이고, 행위주체적이고, 역동적인 것으로서의 종이와 함께
활동한다. 우리는 또한 "물질들은 항상 그리고 이미 자신만의 방식
으로 다른 무언가가 되고 있음"Ingold, 2013; Barad, 2013: 31을 알게 된다.

스튜디오에서 종이는 세계의 운동, 공기의 운동, 생활세계의 흐
름 속에서 포착된다. 우리는 선풍기가 가져온, 바깥에서 바람이 만
들어 내는, 옥외 통풍구 꼭대기의 바람이 하는 움직임을 확장하고
증폭시키기 원했다. 우리는 물질 자체의 에너지에 관심을 갖게 되
었다. 골즈워디의 예술에 영감을 받은 우리는 종이 안의 "에너지와
공간"만큼이나 종이 "주변의 에너지와 주위 공간"에도 관심을 갖
게 되었다.

잉골드2013는 우리가 능동적인 물질들의 세계 속 참여자들임을
상기시킨다. "사유의 행위는 우리가 함께하고 있는 물질들의 유입
과 흐름을 따라가며 그것에 지속적으로 답한다." 종이를 "통해서

사유"하기 시작하자 종이는 "우리 안에서 사유"하기 시작했다. 바꾸어 말하면, 우리는 잉골드가 주고받음correspondence이라고 칭한 관계인 세계와의 "새로운" 관계를 시작했다. 이 새로운 관계에서 우리는 세계에 '대한about' 많은 정보를 축적하기보다 세계와 '더불어with' 더욱 잘 응답하고자 시도했다.Ingold, 2013 이 주고받음은 놀라움에 사로잡힐 수 있는 가능성을 열어 주었다.

놀라움(물질들에 의한 움직임)

Surprise(Being Moved by the Materials)

교사와 아이들은 실외에 무거운 안전 철망으로 덮인 큰 직사각형 모양 시멘트 구조물 주위에 모여들었다. 이 구조물의 깊은 곳에서부터 팬이 돌아가면서 강력한 바람이 위로 올라오고 있다. 2주 전에 우리가 만들어 놓은 종이 반죽 그릇(작은 것, 중간 크기의 것, 거대한 것)을 철망 위에 올려놓는다. 종이 그릇은 바람에 의해 뜨고, 비행하고, 미끄러지고, 날아오른다! 신체는 공기의 흐름 및 그릇의 움직임과 조화되어 움직인다. 바람 속에서 그릇의 움직임에 놀란 미라는 그릴 너머 반대쪽에 있는 아이들에게 그릇을 보낼 때 소형 종이 그릇이 비행하는 선을 따라 허리를 구부린다. 미라는 "그릇과 같이 움직여야 해." 하고 말하면서 그릇을 놓고 그릇이 철망을 가로질러 날아가는 동작을 팔로 따라 한다.

가장 작은 대접은 "아기"라는 이름으로 불린다. "아기야! 이리 와 아기야!" 소피아는 손짓하면서 두 팔을 밖으로 펼치고 노래 부른다. 다시 그릇을 부른다. "아기야, 어서 이리 와!" 이리로 와, 아기야!" 공기의 흐름을 타자 그릇은 갑자기 반응을 하기 시작했고 소피아에게로 둥둥 떠간다. "잡았다!" 소피아는 소리를 지르고, 바람의 흐름에 따라 다시 비행을 시작하기 전까지 작은 그릇을 가슴에 끌어안는다. 모든 것은 동시성 synchronicity 속에서 함께 움직인다. 부르는 목소리, 펼친 손, 내뿜어지는 공기, 아이의 바람, 아기 그릇, 그리고 모든 신체들이 함께 움직인다. 심지어 나무를 통과하며 소리를 내는 주변의 바람조차도 우리와 함께하는 것 같다.

우리는 이러한 만남이 느린 춤처럼 형태를 갖추어 가는 것에 놀랐다. 신체들, 그릇들, 팔들, 종잇조각들과 바람은 모두 함께, 안으로 그리고 밖으로 움직인다. 이러한 공통의 경험은 우리에게 예기치 않은 기쁨, 즉 물질들에 의해 움직이는 기쁨을 준다.

종이의 운동성을 따라가 본 후 우리를 가장 놀라게 했던 것은 종이가 우리의 생활세계 속에 짜임으로 엮여 있다는 것이다. 그리고 이것이 일어났을 때, 우리는 종이와 함께 꿈꾸는 것, 혹은 잉골드가 말한 것처럼, 종이가 세계 속에서 살아가는 방식으로 사물을 보라는 도전을 받았다. 우리의 실제는 데이비스Davis, 2014가 언급한 것처럼 "발현적 듣기"가 되어, "앎의 새로운 방법들과 새로운 존재 방식의 가능성"p. 21을 열어 줌으로써 어떤 새롭고 놀라운 사건이 일어날 수 있도록 한다.

가로지르는 움직임Movement Across

환풍구 위를 가로질러 날아간 종이 그릇에 대한 공동의 경험은 물질들과 함께 존재하거나, 서로 함께 존재하는 것의 가능성들을 제시했으며, 이것은 어린이뿐 아니라 교사들에게도 마찬가지였다. 종이 경험이 끝난 얼마 후에, 실비아와 몇몇의 교사들이 브리티시 컬럼비아의 뉴웨스트민스터에 있는 뉴미디어아트 갤러리에 방문해서 카리나Karina Smigla-Bobinski의 ADA를 감상했다. 이 작품은 관람객이 작동시키는 쌍방향 작품 제작 시스템이다.http://www.smigla-bobinski.com/english/works/ADA/index.html 예술가는 거대하게 헬륨으로 가득 찬 투명 풍선 둘레를 따라 두터운 목탄이 일정한 간격으로 표면에 돌출되도록 만들었다. 이 풍선은 하얀 직사각형 방에 갇혀서 둥둥 떠다니도록 만들어졌고, 방의 표면은 검은 목탄 자국들로 가득 찼다. 무슨 일이 일어나는지 보기 위해서는 방에 들어가야 했다. 가장 적절한 질문은 ADA의 의미나 상징적인 기능이 무엇인가, 혹은 이 설치물이 무엇인가가 아니라 그것이 무엇을 할 수 있는가, 무슨 일이 일어날 수 있는가, 그 한가운데서 우리는 무엇을 할 수 있는가에 대한 것이었다. 관람객은 입구를 통해 안으로 걸어들어가서 ADA와 상호작용할 수 있게 되어 있어서, 우리는 들어가 ADA와 놀기 시작했다. 우리는 돌출된 목탄을 잡고 기계의 저항력과 함께 놀 수도 있었는데, 팔로 이 '기계'를 빠르게 움직이거나 벽에 긴 선을 만들려 할 때, 구석으로 들어가 기존의 자국의 경계들을 넘어서 확장하려 할 때 일어나는 공기의 무게와 압력이었다. 아니면 공을 부드럽게 슬쩍 밀어 보거나 공의 느린 움직임과 함께 움직여 보거나, 앞뒤로 두드리거나, 손으로 공을 벽 쪽으로 부드럽게 밀어 볼 수도 있었다. 볼이 벽으로부터 둥둥 떠내려와 천장으로 다시 올라가는 동안에 공의 잔잔한 미끄러짐에 맞춰 같이 움직여 볼 수도 있다. 우리는 ADA 자체의 경향성에 따르거나 저항해 움직일 수 있었다.

천장과 벽, 그리고 바닥에 짙게 그려진 풍부한 검은 선들과 자국들에 둘러싸여 표면에서 표면으로 튕겨 다니는 공의 움직임을 느끼면서 그 중심에 있어 보는 것은 감동적인 경험이었다. 그것은 정서적이고, 신체적이며, 촉각적인, '느껴지는' 경험이었다. 우리는 경험의 즐거움 속에서 기쁨을 느꼈고 그와 함께 움직이고자 하는 바람의 기쁨을 느꼈다. 오설리번O'Sullivan, 2006이 경험에 대해 묘사한 것처럼, 감응이란 개인이 아닌 공동에 대한 것이며, 재현보다는 경험에서 일어난다. 그것은 목탄 자국이 가득한 방 안에 들어가 머물고, ADA와 함께 움직이면서 함께 놀고, 우리 자신을 발견하고, ADA의 가능성을 좀 더 알아 가는 경험이었는데, 마치 실외 환기구에 둘러 모여 종이와 몸과 바람의 움직임을 잡아 보던 경험과 같았다. 경험에 의해 움직이는 자신을 발견하는 것, 그것이 이 작업의 핵심이었다. 그것은 넘쳐흐르고, 타자를 감응시키며, 세계 내 존재의 새로운 방식을 제시한다.O'Sullivan, 2006

갤러리에서 ADA를 체험하는 동안, 우리는 성인 남자 한 사람과 두 어린이가 방 안으로 들어가는 것을 보았다. 어른은 아이들이 ADA와 상호작용하는 동안 입구에서 기다렸다. 아이들이 시커메진 손과 팔을 뻗어 인사하듯 남자에게 달려와 안으로 이끌자, 남자는 몇 걸음 뒷걸음질 치더니 "물러서!"라는 몸짓을 하며 손을 뻗었다. 물러서는 이 몸짓은 목탄이 지저분함을 확인시켜 주었고, 그림을 그리고 튕기는 공을 아이들의 놀이로 확정했으며, 아이와 어른의 삶과 욕구들 사이의 분리를 재확인시켜 주었다.

오도너휴O'Donoghue, 2015는 현대 미술에서의 이 체험으로의 전환에 대해 논의했다. 참여적이고, 상호작용적이며, 협력적인 예술을 생산하는 예술가들이 상황을 창조하고 조건들을 작동시킴으로써 체험을 어떻게 자신의 작업의 본질적 요소로 개념화하고 추구하는지, 그리하여 예술 작품'이란is' 이미 살았던 경험의 재현이나 해석으로 존재하는 것이 아니라 경험이자 경험의 생산임을 기술하고 있다. 여기에서 오도너휴는 경험의 즉시성과 "하기doing와 겪기 undergoing"p. 46의 상호 연결된 과정을 강조한 듀이Dewey, 1916의 이론에 근거를 둔다. 듀이에 따르면, 예술적 경험은 행위하고, 반응하고, 만들고, 생각하고, 고민하고, 창조하고, 실험하고, 형태를 만들고, 변형시키는 역동적이고 유동적인 것이다. 공동 생산적인 참여적 경험으로서 말이다. 그곳에는 경험의 생생한 충만함이 가득하고, 감응적이고, 감각적이며, 신체적이고 온전한 관계가 있다.

어쩌면, 우리는 아이들에게 우리가 하는 응답이 즐거운 만남을 생산하는 경험의 조직에 대한 것일 수 있다고 생각했다. 혹은,

오설리번[2006]이 말한 바와 같이, "세계 속에서 행동하는 능력의 향상"[p. 42]일 수도 있다. 오도너휴[2015]는 이와 같은 교사의 역할을 세상 속에 거주하는 기회, "살아 보기 전에는 가능해 보이지 않는"[pp. 105-106] 기회를 창조하는 '경험-생산자experience-producer'로 정의한다.

마지막 움직임 속의 종이Paper in Its Final Move

종이는 그것을 경험하는 것이었고, 종이의 행함이자, 종이와 함께하는 움직임이었다. 연구자로서 우리는 사물이 어떻게 함께 움직이는지에 대해, 그리고 물질적인 실험이 어떻게 아이들, 교사들, 신체들, 물질들, 장소들, 역사들, 이야기들의 안무가 되어 서로를 가로지르고, 상호작용하고, 함께 작동하는지에 대해서 주목하였다. 그곳에는 행함과 되돌림의 리듬감 있는 움직임, 모으고 흩뜨리며 구성하고 해체하는 즐거움과 사물들을 계속 움직이도록 하는 즐거움이 있었다. 우리는 아이들이 사물을 분해해 볼 기회를 얼마나 고대하는지, 아이들이 자신들의 작업을 어떻게 원상태로 돌리고, 느슨하게 만들고, 분해함으로써 작업을 지속할 수 있는지를 주목했다. 우리는 멈춤과 참여의 리듬을, 중심축인 이 멈춤들을 지켜보았다. 이러한 힘들, 흐름들, 움직임들은 잉골드Ingold, 2013의 즉흥성에 대한 서술인 세계의 방식과 함께 일하는 리드미컬한 특질과 유사하다. 세계에서 '되풀이iteration'는, 즉 반복repetition 또는 재-현representation은 결코 존재하지 않으며, 모든 이와 모든 것이 세계의 힘과 흐름과 함께 참여하는 '여정itineration'이 있을 뿐이다.

종이는 시간을 통해 그리고 세계와 더불어 움직임으로써 다른 물질들을 만난다.

3장

목탄: 만남
Charcoal: Encounter

다가가고, 으스러뜨리고, 부수고, 쫓아가고, 감추고, 기어오르고, 껍질을 벗기고, 짖고, 으르렁거리고, 노래를 부르고, 추출하고, 파내고, 캐내고, 발견하고, 터널을 파고, 새기고, 톱질을 하고, 자르고, 싸고, 태우고, 굽고, 그리고, 거뭇해지게 만들고, 더럽히고, 숨기고, 들추고, 체로 거르고, 망설이고, 빨아들이고, 흔들고, 가루를 만들고, 망치로 치고, 탁 쳐 보고, 옮기고, 시도해 보고, 붓고, 시험해 보고, 덮고, 열고, 옆에 그려 보고, 분쇄하고, 손으로 만지고, 비벼 부스러뜨리고, 썰고, 펼치고, 먼지를 털고, 청소하고, 닦고, 증가시키고, 탁 치고, 포위하고, 같이 그려 보고, 상처를 내고, 집중하고, 치유하고, 나누어 주고, 서로 교환하고, 팔고, 추정하고, 원상태로 돌리고, 회복하고, 말하고, 되돌아오고, 다시 하고.

우리는 오래전에 불이 나서 검게 타 버린 나무를 찾으러 숲으로 갔고 그곳에서 나무가 준 선물인 시커멓게 탄 숯을 주웠다. 나뭇가지들을 모아 와서 태울 준비를 했다. 숲에서 돌아와 불을 피우

[사진 3.1.] 목탄은 우리가 말한 이야기 속에 어떤 흔적을 남길까?

고 불 주변에 둘러앉아 노래를 부르며 야채를 굽고 각자 자신의 목탄을 만들었다. 직접 불에 태운 목탄과 구매한 목탄을 가지고 그림을 그렸다. 우리는 커다란 스튜디오를 만들어 목탄 파편들을 조사하고, 뭉개고, 모아 보고, 체로 쳐 보고, 분쇄시키는 사건들을 만들어 냈다. 우리는 덮었다covered. 우리는 드러났다uncovered. 우리는 덮이고 드러나기를 반복하다가 돌아왔다recovered.

목탄의 흔적은 우리의 기억 속에 남고, 옷에 새겨졌다. 그 흔적들은 우리들의 기대 속에 존재하기 때문에 실험이 끝난 후에도 한참 동안 목탄은 생성되었다. 목탄에 얼룩진 옷은 여전히 스튜디오에 걸려 있고 나뭇가지들은 불을 기다리며 여전히 모여 있다. 숲, 나무, 불, 모임, 부수기, 그리기, 태우기, 표시하기, 검게 만들기, 먼지의 흔적들을 우리는 유지했다. 축축한 땅의 냄새를 품고 있는 나무들까지도.

목탄은 사물이다. 불에 탄 나무를 압착시킨 막대기에 지나지 않는다. 그러나 그것은 연속체이자, 이야기이고, 사건이자, 해프닝이며, 행함이다. 우리는 목탄의 목탄임charcoalness에 흥미를 느꼈으며, 목탄과의 만남에서 목탄의 표현과 경험에 관심을 가졌다. 우리들은 언제나 과정 중에 있었으며, 언제나 목탄이 되어 가고 있다. 한 사물의 "~임isness"Springgay, 2011, 2012은 정적을 흔든다. 목탄은 그림만 그리라고 있는 것이 아니다.

목탄은 여전히 희망을 품고 있다.

우리는 서로 다른 공간에 있던 사물과 힘, 인간human과 비인간

nonhuman이 만나는 순간에 관해 생각한다. 우리는 그 힘을 따라갈지, 함께할지, 끼어들지, 도발할지, 저항할지 등 어떻게 반응할지를 결정한다. 만남이라는 움직임 속에 무언가 존재하게 된다. 만남은 집단적이고 관계적인, 그러나 개인적이지 않은 경험을 강조한다.

마수미Massumi, 2002는 순간을 당신이 그것에 집중하도록 강요받는 무엇이라고 정의하였다. 순간은 즉시성을 갖고 있으며, 감각과 강도 높은 관심을 통해 우리의 주의를 요구한다. 여기서 말하는 순간이란 관계적 마주침의 지금 여기를 말하는 것이지, 인식의 대상을 말하는 것이 아니다. 사물들은 약간 스칠 정도로 연결되며, 많은 방향으로 뻗어 간다. 그 어떤 것도 만남을 통해 확정되지 않는다. 세상은 이미 다 알려져 있는 것이 아니다. 확정과 지식은 인식의 영역이다. 오설리번O'Sullivan, 2006은 인식 속에서 "우리 자신과 우리가 살고 있는 세상은 우리가 세상과 우리 자신을 이미 이해하고, 또 되어야 한다고 생각하는 방식으로 확정된다"p.1라고 주장한다. 인식과 달리, 마주침이란 "항상 이미 공간에 있는 것의 '재현representation'을 방해한다. 재현은 우리가 세상에서 존재하고 행동하는 습관적인 방식이다."p.1, 강조는 원저자

진정한 만남 속에서, 세상 속에 존재하는 우리 일상의 방식은 직면을 받고, 도전을 받으며, 우리들의 지식 체계는 혼란스러워진다. 즉, "우리들은 사유하기를 강요받는다."O'Sullivan, 2006:1 들뢰즈와 가타리Deleuze and Guattari, 1987에 의하면, 만남은 언제나 고정된 것들을 뒤흔든다.

3장은 손가락이 목탄을 만나고, 목탄이 피부를 만나고, 검은색이 거울을 만나고, 나무가 불을 만나고, 그리고 무언가 예상치 못하고 발생적인 것이 일어나는, 그 만남의 순간들을 중요하게 여긴다. 우리는 무엇이 일어나고, 무엇이 활기를 띠며, 언제 강력한 힘들이 만나고-접촉하고-주의를 기울이고-열리고-응답하는지를 숙고한다.

만나기|To meet

　　우리는 유아교육 센터의 테이블에 둘러앉아 함께 목탄으로 그림을 그리고 있다. 목탄 몇 조각은 숲 탐험을 하던 날 불에 탄 나무로부터 모아 온 것이고, 나머지 목탄들은 동네 문구점에서 사 온 것들이다. 흰 종이가 아이들 앞에 펼쳐지고, 생생하게 간간이 일어나는 대화들은 목재, 나무, 모닥불, 탱크와 트럭을 어떻게 그릴 것인지, 덤불을 헤치기, 탱크 스티커, 괴물 석상, 목탄이 어떻게 숲으로 오게 되었는지 등을 다룬다. 네르시아는 침묵에 빠진다. 천천히 율동감 있게 몸을 움직이더니, 종이에 선을 긋고, 두 손이 점점 흑색에 가까워지는 것을 관찰하면서 조심스럽게 목탄 선들의 자국을 손에 새기기 시작한다. 목탄이 자신의 손과 팔로 이동하는 것을 보면서, 네르시아는 목탄의 흔적들과, 테이블 주변에서 일어나는 대화들, 그리고 종이의-검정-되기에 응답한다. 부드럽고 진하고 분필 질감의 진한 검은색이 그녀의 팔꿈치를 덮어 점점 더 까매진 그녀의 손과 팔의 리듬에 따른 진한 검은 선들로 종이는 금세 채워진다. 네르시아는 미소 짓고 마침내 자신을 둘러싸고 있는 다른 아이들을 올려다보며 작은 발톱처럼 보이는 손을 들어 올린다. 목소리로 깜짝 힌트를 주며, 네르시아는 자신이 괴물이 되고 있다고 아이들에게 말한다.

차이의 공간들 속에서 만난다는 것은 그것이 무엇이고, 무엇을 의미하며, 무엇이 나타날지, 혹은 나타나야 하는지를 예측하거나 예상할 수 없음을 의미한다. 특정한 물질들이 무엇을 할 것이고, 무엇을 위해 있는지를 미리 알고 있기보다는, 이미 발견됐거나 결정된 것을 발견하도록 아이들에게 시간과 공간을 '허락하는 것'이라기보다는, 만남이란 무엇이 일어날 수 있을지 기대하고 집중하는 기대의 어떤 양상으로 특징지어지는 것이다. 예를 들어, 우리는 아이들이 목탄과 목탄이 만들어 내는 흔적들을 탐색할 수 있는 시간을 따로 마련해 줄 수 있다. 우리의 계획이 물질을 알아 가는 과정의 가치 있는 측면을 담고 있다 하더라도, 기대나 기존에 고수되는 이해로 인한 경향이 있을 수 있고, 이것으로 발생할 사건을 규정하고 한정할 수 있다. 즉, 목탄은 특정한 표현을 만들어 낸다든지, 목탄은 그림을 그릴 때 사용하는 것이라는 등의 판단이다.

계획을 하거나 예상을 하는 대신, 만남은 우리가 아직 모르는 것을 찾는다. 그것은 '모른다'는 감각에 의해, 희망찬 기다림의 감각에 의해 특징지어진다. 물질이란 그것에 대해 내가 '알고 있는' 것으로 정의되지 않는다. 사물들이란 늘 다른 물질들이 될 수 있다. 목탄을 가지고 그림을 그리도록 마련해 놓은 공간에서조차, 그림은 우리의 이해를 벗어나는 다른 무언가가 될 수 있다. 목탄은 그림 도구가 아닌 무언가가 될 수 있다. 종이는 표면 그 이상이 될 수 있다. 지금까지 상상하지 못했던 그 무엇인가를 지각하기 위해, 시각의 장을 넘어 있는 것을 보기 위해 우리는 노력한다.

> 교실은 조용하고 종이와 벽, 카펫 위에는 목탄 파스텔들의 흔적들이 흩어져 있다. 매리엄과 조가 교실로 들어서자 그것들이 살아난다. 바닥에서 목탄으로 그려진 종이를 들어 올려 자신들을 덮으면서 "테이프가 필요해!" 하고 소리를 친다. 테이프가 도착하고 아이들은 목탄 "의상"을 입으면서 자신들을 단단히 싼다. 이제 그들은 괴물이 되어 교실을 뛰어다닌다. 네 명의 다른 아이들이 합류하고, 곧 모든 아이들이 목탄으로 덮인다.

만남은 새로움에 관심이 있다. 세상과 함께, 그리고 세상 안에서 지각하고 행동하는 새로운 방법이자 예기치 못한 관계, 횡단적 연결들이다. 새로움이란 독창적인 것만을 의미하는 것은 아니다. 참신함에 대한 집착이 아니다. 새로움이란 만남 속에서 예상치 못하게 발생하는 것이다. 새로움이란 '만나는 이들'이 수백 번을 만나 왔더라도, 차이의 공간에서 늘 처음으로 만남을 의미한다.

차이의 공간들에서 만나기 위해서는 타자에 대한 환대와 개방이 요구된다. 목탄은 만나는 타자들을 매우 환대한다. 목탄은 흔적을 남기고, 펼치고, 덮고, 감싸고, 그려 넣는다. 이를 통해 목탄은 자신의 존재를 알리고 응답을 요청한다. 목탄에 관심을 보이지 않고 영향을 받지 않은 채 남아 있기는 쉽지 않다. 목탄의 풍부한 흑색, 무한한 작은 입자들, 분필 같은 부드러움이 강하게 요구하고, 승복하게 하고, 맞서게 한다.

이러한 환대는 귀 기울여 경청하는 행동으로 스며들어 간다. 브론윈 데이비스Bronwyn Davies, 2014는 "타자와의 만남은 경청과-삶 그 자체의 중심에 놓여 있다"p. 5라고 말한다.

경청하기는 감응되는 데에 개방되어 있는 것과 관련된다. 그것은 차이, 특히 자신과 타자 사이의 각 순간에 발생하는 다양체의 모든 차이에 대해 열려 있음을 의미한다. 경청은 당신이 이미 알고 있는 것에 얽매여 있지 '않음not'을 의미한다. 그것은 운동으로서의 삶이다.p. 1, 강조는 원저자

데이비스는 타자와의 만남을 "각자가 타자에 의해 감응되는 데에 열려 있는 곳"p. 1으로, 그 자체가 삶에 필수 불가결한 것이라고 제안한다.

교실은 조용하다. 다른 아이들이 간식을 준비하기 위해 교실을 떠난 후 몇몇 아이-몸만 남아 있다. 바닥 위에는 한때 흰 종

이였으나 지금은 그날 아침 아이들에게 제공된 파스텔 목탄의 흔적들이 가득 담겨 깊고 풍부한 검은색이 된 커다란 종이 한 장이 놓여 있다. 마틴과 지리가 종이 위에서 앞뒤로 구르고 있다. 종이, 목탄과 아이들의 몸은 하나가 되어—몸이 목탄에 뒤덮이고, 목탄이 몸과 합체되면서 서로의 경계가 희미해진다. 블레이크의 곡 '공기 속을 걷는 눈사람'이 배경에 부드럽게 흐르고 있다.

파울리나 라티오Paulina Rautio, 2013는 마주침 속에서 만나고 귀를 기울인다는 것은 "그 순간 발생한 그것이 무엇이었는지 질문하는 상황"p.399이라고 제시한다. 그것은 주의attention와 긍정affirmation의 교육이다. 그것은 타자에 의해 움직이고 감응되기를 기다리는—희망과 기대이다. 멜로라 켑케Melora Koepke, 2015는 "순간의 교육학pedagogy of moment이란 우리의 바로 가까이에 있는 대상들과 경험들과 함께 현재의 선언으로 좁혀진 존재의 무한한 가능성을 찾는 것이다"p.7라고 기술했다. 그것은 결과들이나 반드시 일어나야 하는 것으로 향해 있지 않다. 그러나 그것은 "가능성의 장들"p.13로 향해 있다. 만나고 귀 기울인다는 것은 만남의 이 순간에 집중하는 것이다. "발생하는 순간 이해할 수는 없지만, 그 영향은 실제로 발생하는"O'Sullivan, 2006: 21 그 순간이다.

타자를 환대한다는 것은 의도성을 갖지 않고, 이해하려 들지 않는 희망을 동반한다. 그것은 도약rupture이다.[22] 즉, 문제를 제기하는 순간들이다.Koepke, 2015 그것은 우리 자신을 되돌려 놓는 경험을 조직하고, 미지의 것에 대한 경이를 자라게 하며, 우리를 불편하게 하는 상황을 창조해 냄으로써 진정한 만남이 일어나고 새로운 무언가가 발현되는 것이다.

그러나 이러한 실천은 "야생적 탈지층화"O'Sullivan, 2006: 33가 아니다. 그것은 '무엇이 일어나든 상관없는' 접근은 아니다. 그것은 무엇이 발생하고 있고, 그 사이-지대에서 무엇이 발현되고 있는지에 대해 사려-깊고, 의식적이며, 섬세한 집중이다.

만지기|To touch

목탄을 만진다는 것은 그것을 향해 몸짓하는 것이다. 에린 매닝Erin Manning, 2007은 만진다는 것은 타자를 향하거나 다가가는 몸짓이자, 움직임, 타자-이미 알고 있는 타자가 아닌 서로에게 막 나타난 타자-에게 미약하고 짧게나마 자신을 노출시키는 것으로 설명한다. 잠재성이란 누군가가 될 수 있거나 무엇인가 될 수 있는 것으로 이러한 몸짓의 핵심이다.p. 7 만짐은 "타자를 관계 속으로 그려 넣음으로써"xiv 새로운 발견을 하게 된다.

---

22. [옮긴이 주] "도약과 긍정은 만남의 두 계기이다. 그런데 만일 이 두 계기가 현실적 경험의 바깥에서 추상적인 것으로 간주된다면 그것은 단지 대립적인 것으로만 보일 것이다. 예술은 하나의 세계를 파괴하고 다른 세계를 창조하여 이 두 계기들을 접속하게 한다. 따라서 예술은 만남의 대상의 이름이자 만남 그 자체이며 만남으로 인해 생산된 결과물의 이름이기도 하다. '예술은 새로운 어떤 사태의 가능성을 수반하는 복잡한 사건'이다"(사이먼 오설리번, 2019, 『현대미술 들뢰즈·가타리와 마주치다』, 안구·이규원 옮김, p. 22, 번역 수정 및 강조는 옮긴이).

만진다는 것은 항상 무엇인가를, 누군가를 만진다는 것이다. 나는 우연히 만지는 것이 아니라 당신을 느끼기 위해, 당신에게 가 닿기 위해, 당신에 의해 감응되기 위한 결정으로 행한다. 만짐은 타동사이며 당신의 몸의 질감을 나에게 새길 수 있도록 당신에게 다다를 수 '있고can', 그럴 '것임 will'을 의미한다. 만짐은 사건을 창출한다.p. 12

목탄을 만진다는 것은 만져지고, 감응되고, 감동을 받는 것이다. 매닝2007이 설명했듯이, "응답할 수 있는 상태가 되지 않고서는 너를 만질 수 없다."p. 9 예를 들어, 네리사나 마틴 혹은 지리의 사례에서 보듯 목탄을 만지는 것은 우리가 목탄에 의해 만져지고, 누가 무엇이 되고, 목탄이-그려 가는-검정이 무엇이 될 것인가의 가능성의 다양체에 개방되는 것이다.

목탄이 우리를 만졌다.

만진다는 것은 몸에 주의를 기울이는 것을 말하며Manning & Massumi, 2014, 몸이 운동하는 방식에 집중하는 것을 의미한다. 매닝 2007은 만진다는 것을 다음과 같이 설명한다.

만진다는 것은 움직임-속에 있는-몸을 사유하는 하나의 방법이다. 만진다는 것은 몸에 특별한 처치를 하는 것이 아니다. 만진다는 것은 (오감을 넘을 것으로 예상되는) 다른 여러 감각들과 대화를 나누면서 관계적 벡터를 따라 작동하며 종합적으로 이해하는 것이다. 만지는 행동을 종합적으로 생각하기 위해서는 운동이 몸을 변형시키는 모든 방식들을 인정하고 그것을 가치 있게 여겨야 한다.p. xiii

목탄과 함께 실험하는 1년 동안 우리는 아이들과 함께 한국 현대미술가 김수자의 회고전 '펼침Unfolding'을 보러 갔다. 김수자의 작품은 일상의 사물들, 바느질 행위들, 직물들의 일상을 다루고 있다. 전시관에 들어서자 마치 빨랫줄이 일렬로 늘어진 듯 긴 천 조각들이 걸려 있었다. 방으로 들어서자, 생생한 색조의 비단 천들이 흔들리고 있었고 우리의 몸을 스쳤다. 분홍색들, 노란색들, 붉은색 천들이 벽에 일렬로 설치된 거울에 비치면서 다중으로 보였다. 천을 건드리지 않는 것은 불가능했고 천에 의해 만져지지 않는 것도 불가능했다. 감각들의 다양성과 연결들은 결합되고, 층을 이루고, 혼합되고, 중첩되었다. 만진다는 것은 사물에 피부가 닿는 행위 이상이었다. 그것은 수용적으로 방향을 전환해 가는 것이었다.

매닝은 "다가가고자 하는 모든 행위로서의 제안은 만지는 것이며 이것이 바로 세계의 창조를 가능하게 한다. 이러한 생산은 관계적이다. 나는 하나의 관계를 만들어 내기 위해 너에게 다가가 만지는 것이며, 그 관계는 다시, 나를 만들어 낼 것이다"2007, p. xv라고 주장한다. 우리들의 실험들에서 목탄은 새로운 본능적 몸의 관계를 생성해 냈다. 몸은 행위하고 있다. 즉, 하고 있고, 만들고 있으며, 되어 가고 있다. 감각작용sensation들을 거치며 몸은 이처럼 과정 속에 있다. 그로스Grosz, 2008, Springgay, 2012에서 재인용는 "감각작용은 뇌를 통해서나, 재현, 기호, 이미지나 환상을 통해서 몸에 영향을 주는 것이 아니라, 직접적으로 몸 그 자체의 내적 힘, 세포, 기관과 신경 체계에 영향을 준다"p.73고 말하고 있다.

베로니카의 카메라는 양쪽 팔과 다리를 쭉 뻗고 종이 위에 움직임 없이 누워 있는 지리를 향해 초점을 맞춘다. 지리의 크게 뜬 두 눈은 천장을 향해 있지만 아무것도 보고 있지 않음을 거의 확신할 수 있다. 지리의 두 손바닥이 목탄-종이-바닥을 누르고 손가락은 쭉 펼쳐진다. 천천히 그의 다리와 팔이 눈 위의 천사 동작으로 위 아래로 리듬감 있게 움직이기 시작한다. 몇 초가 지난 후, 지리는 무릎을 들어 올리고 목탄이 무슨 말을 하는지 들을 수 있도록 귀를 목탄-종이 쪽으로 천천히 돌린다. 다시 등을 종이 위에 대고 눈 위의 천사 모양으로 움직인다. 그러고는 종이를 가로질러 기어가면서 무릎과 손 밑에 닿는 질감을 느낀다. 눈 위의 천사를 몇 번 더 만들다가 일어나서 이번에는 교사에게 목탄으로 덮인 손을 보여 준다. 종이 위에는 눈 위의 천사 움직임이 남아 있다. 지리의 오가는 행동은 10분 이상 계속되었다. 모든 눈 위의 천사 동작motion은 다른 행위 action와 짝을 짓고 있었다. 지리는 개구리처럼 뛰고, 종이 둘레를 돌고, 구르기도 했다.

주의 기울이기To attend

주의를 기울인다는 것은 이질성heterogeneity^Tsing, 2011을 포함하여 우리를 둘러싼 세상에 주목하는 것을 말한다. 실제로 조율 attunement을 하는 데에는 사물들 사이의 관계에 주의를 기울이며 사물들 사이-내부에 대한 인식을 필요로 한다. 그것은 반 두렌van Dooren과 로즈Rose가 말하고 있는 "그들의 고유한 '정신'이나 삶의 방식의 충만함에 있어 탐험하고 타인에게 응답하고자 하는 '목격자-되기'의 윤리적 실천(첫 단락)"과 유사하다. 주의를 기울이면 우리는 우리가 속해 있는 세상에 자신을 개방할 때의 "경이로운 감각으로 초대된다."van Dooren, 2014: 8

어느 날 아침, 유치원 건물 밖으로 구리로 된 큰 화로 그릇을 꺼내서 목탄을-태우고-채소를-구울 수 있는-캠프파이어를 준비한다. 우리의 의도는 숲에서 주워 온 나뭇가지들로 목탄을 만드는 데 있다. 화로 그릇 주위에 둘러앉아 캠핑 이야기의 한가운데에서, 노래 부르는 아이들, 얼룩덜룩한 빛, 날카롭게 깎은 나뭇가지가 불에 그을리는 소리의 리듬, 캠프 불과 야채가 구워지면서 나는 매캐한 냄새, 옆에 놓아둔 방금 태운 목탄 막대기를 문지르는 소리 근처에 머무르고 있는 우리들을 발견한다. 이러한 만남에는 어떤 목적도 없다. 나무와 불과 아이들과 빛과 야채와 우리가 머무르는 모든 잠재성들이 느긋하게 함께 모여 있는 것이다.

무엇인가에 주의를 기울인다는 것은 멈춤pause을 의미한다. 함께 머무르고, 그것에 거주하고, 함께 시간을 보내는 것이다. 키머러Kimmerer, 2003는 "주의를 기울임attentiveness 자체만으로 가장 강력한 확대경에 필적하는 힘을 갖는다"p. 8고 한다. 그러나 한편으로, 주의를 기울임은 사물 등을 바라보거나 아이들의 행동을 관찰하는 것에 관한 것이 아니라 관계 그 사이에서 멈추는 것을 말한다. 주의를 기울인다는 것은 세계 속에서 "함께 그리고 다시-구성되는 혼란스럽고 진동을 일으키는 능동성activeness의 공간들"에서 시간을 보내는 것을 말한다.Springgay, 2012: 557 우리들이 생각하는 주의를 기울인다는 것은 무엇이든 무엇에 연결될 수 있음을 볼 수 있도록 우리의 마음과 눈을 머무르게 하고, 흘러가게 두고, 뻗어 나가게 하고, 열 수 있는 조건들을 창조하는 것을 포함한다.

열기To open

우리는 오래전 그 지역을 쓸고 지나간 불에 의해 검게 타서 변해 버린 나무로부터 목탄을 모으며 숲속에 있다. 아이들은 숯이 된 조각들을 모으고, 갈아서 가루로 만들고, 체로 치고 실험을 한다. 떨어진 나뭇가지들을 작은 강판에 갈아서 톱밥을 단지에 모은다. 몇몇의 아이들은 살아 있는 삼목의 뿌리를 강판에 몇 차례 갈다가 하얀 부스러기 나뭇조각들 가장자리에서 붉은색이 나타나자 놀라워한다. 조이는 천천히 손가락으로 부드러운 조각들을 만진다. 칼렙이 다른 아이들에게 묻는다. "이 나무들 살아 있는 걸까? 어떻게 살아 있지? 이거 피야? 뼈야? 나무들이 사람이야? 말할 수 있어?" 아이들은 심장이 뛰는지 확인한다. 아무런 소리도 들리지 않자, 아이들은 돌아서서 다시 강판에 갈기 시작했다. 그러나 그 후 우리는 나무의 상처, '피'와 '뼈'를 본다. 우리는 살아 있음의 계급hierarchies을 들으며 아무것도 하지 않는다. 여기에서 무슨 일이 벌어지는 걸까?

앳킨슨Atkinson, 2011은 "스스로 원상태로 되돌아갈 수 있도록 become undone 하는 것이야말로 배움에서 가장 중요한 조건"p. 165이라고 말한다. 나무에 난 상처나 검게 변한 몸을 통해 원상태로 돌아가는 것은 강력하고도 위험을 담보하는 것이다. 그것은 우리가 바로잡고, '올바르게' 만들고, 혹은 제한할 필요가 있어서 우리가 이미 받아들일 만하고 '좋다'고 여기는 일만 일어나도록 하는 방식의 접근을 의미하지 않는다. 그보다는, 우리 자신을 원상태로 되돌아가도록 허용하고, 무엇이 우리를 '원상태가 되게 하는가'에 집중할 필요가 있다.

오설리번2006은 만남이 "우리의 습관적인 존재 양식에, 그럼으로써 습관적 주관성에 파열로 작동한다"p. 1는 점에 주목했다. 그는 모든 만남이 "절단"이나 균열을 만들어 낸다고 했다. 그러나 마주침은 또한 "긍정의 순간, 새로운 세상에 대한 긍정"p. 1을 품고 있다. 그것은 "세상을 다르게 보고 다르게 생각하게 하는 하나의 방식"[p.1]으로 "우리들로 하여금 다르게 생각할 것을"[p.1] 요구한다.

사유야말로 유아교육기관의 중심을 차지하는 실천이다. 그것은 뇌로 하는 사유를 말하는 것이 아니다. 우리에게 사유하기란 놀라움을 배양하는 것이며, 그것을 어지럽게 만들고, 방해하고, 움직이기 위한 만남에 스스로를 개방하는 것이다.[Davies, 2014] 달버그와 모스[Dahlberg & Moss, 2005]는 들뢰즈의 철학을 통해 유아교육에서의 지식이란 "지루한 개념으로, 이미 죽은, 어디로도 우리를 인도하지 못하는 것이다. 지금까지의 지식이란 기존의 사실과 알려진 질문에 대한 정답에 관한 것이다"[p.114]라고 하였다. 달버그와 모스는 지식을 사유의 개념과 대비하였고, 사유를 삶에 비유했다. "사유는 변화, 혁신, 새로운 가능성의 발명을 향해 열려 있다. 사유는 대단히 중요하며 새로운 개념들, 문제들, 그리고 배움을 창조한다."[p.11]

> 네 살배기 여자아이들 몇 명이 스튜디오로 들어온다. 아이들은 작은 도자기 접시 위에다 모은 목탄 막대기를 손에 들고 종이로 덮여 있는 긴 탁자 주변에 모여든다. 목탄이 아이들을 이끌고, 아이들은 종이 위에다 그려 보는 실험을 한다. 짧은 선들이 종이를 강하게 눌러 검은 부스러기를 남기는 반면, 구불구불하고 호기심 많은 선들은 멀리 간다. 아이들이 그림을 그리자 목탄은 여행을 하고, 종이 위에 펼쳐지며 아이들의 손가락과 손을 덮는다. 종이와 아이들의 피부는 목탄의 부드러운 검정을 잘 받아들인다. 처음 몇 차례의 머뭇거리는 선들과 넓게 퍼지는 목탄에서 발견한 즐거움 이후, 만남은 빠르게 펼쳐진다. 손가락은

목탄을 만나고 검정은 피부를 만나고 목탄은 이야기를 만난다. 옛날이야기들, 영화의 장면들, 로맨스와 어른이 되어가는 이야기의 젠더 담론, 목탄 사건을 위해 길을 만들어 주느라 벽 쪽으로 밀린 의자들 모두 한데 얽혀 있다. 목탄은 화장품이 되었다. 의자는 버스가 되었다. 마치 모든 것들이 공중에 던져진 듯하고Olssen, 2009 예상하지 못한 방식들로 조합되고 재조합된다. 우리는 한동안 머무르면서 여기 아이들의 놀이에서 일어나고 있는 많은 것들을 기록하고, 이 폭발적인 마주침에 주저하는 우리의 마음 또한 기록한다. 이번에는 부드러운 목탄 먼지에 거의 완전히 검게 된 아이들이 버스에 앉아 검은 왕자를 만나러 무도회에 간다.

매일의 작업에서 우리는 스스로를 실험에 열어 두었는데Kind & Pacini-Ketchabaw, 2016, 이것은 특히, 복잡한 사회적-정서적-정치적 현상으로서의 실험이었다. 우리의 의도는 언제나 실험과, 아름다움과, 이색적인 것에 대한 낭만화를 부수는 것이었다. 실험은 침전된 담론들에 생명을 가져다줄 잠재성을 갖고 있다. 실험의 목적은 세상 안에서 행동하는 우리의 역량을 증가시켜 주고, 새로운 형태의 삶을 생산해 내며O'Sullivan, 2006: 78 참고 우리들의 지각과 이해를 열어 준다. 이것은 늘 위험을 감수하는 노력이다.

실험에 개방적이 되어 가면서 우리는 어린이들, 물질들, 이야기들, 그리고 상황들이 행위를 하고 서로에게 행동하는 그대로 관계 맺었고, 복잡하고 뒤얽힌 네트워크와 배치 속으로 들어갔다. 그것은 단지 인간만의 관계성이 아니었다. 그것은 공간 안에서, 시간의 안팎에서, 운동 속에서, 다양한 수렴들과 교차들을 허락하는 환경 속에서 사물들과 존재들이 서로에게 응답하는 능력과 관련된 것이었다. 실험을 하면서 우리는 물질의 힘, 가능성들, 그리고 중요성을 알게 되었다. 물질들 그리고 그로 인해 일어나는 담론들에 주의를 기울이게 됨에 따라, 우리는 아이들 고유의 관심에 귀 기울이는 긴장과 윤리 안에서 움직였다. 우리는 아이들이-순환하는 이미지들, 이야기들, 그리고 생각들을 포함해-그들의 삶에서 필요한 성분들을 어떻게 취하는지를, 그리고 그것들로 무언가를 만들고, 발명하고, 재창조하고, 변신시키는지를 목격했다. 우리는 아이들이 무엇을 추려 내고, 무엇을 원해서 선택하고, 목탄과 같은 물질이 무엇을 활동하게 하는지에 관심을 가졌다. 그러나 한편으로 실험은 마치 아이들의 창의적인 발명과만 오직 관련 있는 듯 순수한 것은 아니다. 그것은 어떤 책임이나 응답response-abilities의 의무가 없는 '자유로운' 실험이 아니다.Haraway, 2008 이에 우리도 응답한다.

응답하기|To respond

우리는 유아교육 센터에서 목탄 태우기 활동을 해 보기 위해 숲에서 주워 온 나뭇가지들을 준비하고 있다. 방 한쪽 끝에서 몇 명의 아이들이 손으로 사용할 수 있는 톱을 들고 긴 버드나무 가지를 작은 조각으로 자르고 있다. 다른 아이들은 탁자 주변에 앉아 가위를 들고 삼나무, 전나무, 오리나무와 다른 버드나무 가지를 포일에 싸서 불에 넣을 수 있을 만한 길이로 자른다. 가위, 톱, 아이들의 손은 나무를 빠르고 쉽게 자를 수가 없어 시간이 걸리고 우리는 잘려진 나뭇조각들, 나무의 향기, 벗겨진 나무껍질과 버스럭거리는 포일과 함께 머무른다. 자르고, 부수고, 감싸고, 덮는, 다양한 경로를 함께 지난다. 나뭇가지를 자르려고 가위를 대려던 제이든이 작은 곤충이 껍질 위로 기어가는 것을 발견한다. 아이는 부드럽게 벌레를 밖으로 꺼내서 놓아준다. 우리가 곤충의 집을 거의 태워 버렸을지 모른다는 염려를 가지고, 제이든은 나뭇가지에게 감사 쪽지를 써서 나뭇가지를 감싼 포일 위에 붙인다. 그 후, 우리가 불 주변에 모여 웃고 활동하는 중 잠시 멈춤의 순간이 일어난다. 제이든의 편지를 불꽃이 감싸는 것을 조용히 지켜본다.

우리의 창의적 분출에 응답한다는 것은 수동적으로 관찰하는 것이 아니라 함께 움직이는 것을 배우는 방식이다. 움직여지고 행위를 하는 데에 자신을 개방하고, 제기되는 문제와 관계를 맺어 거기에서 창발되는 안무choreographies에 참여하는 큰 책임이 따르는 사건이다. 움직임으로써 협연에서 무언가를 하는do 것을 의미한다. 함께 노는 방법을 찾는 것이다. 이것은 해러웨이2008가 말한 '응답능력response-ability'과 유사하다. 그것은 타자를 인식하거나 원칙을 따르는 그 이상이다. 응답하는-능력이란 즐거움의 순간이든, 고

통의 순간이든, 그 순간 속에서 공유하고 느낄 수 있는 것을 의미한다. 파울리나 라티오[2013]는 "우리가 세상 속에서 차이와 마주할 때 어떤 일이 일어날 것인지를 알 수 없고 통제할 수도 없다 할지라도, 그럼에도 불구하고 이 만남들에 들어서면서 책임감을 갖는 것"[pp. 400-401]이라고 말하고 있다. 만남의 초기부터, "우리는 우리의 행위 방식, 즉 세상에 주의를 기울이고 '진실들truths'을 찾는 우리의 태도, 의도, 그리고 역량에 대한 책임이 있다."[pp. 400-401]

우리는 또한 만남이 끼치는 영향에 대해서도 책임을 갖고 있다. 예를 들어, 목탄의 검정과 함께 우리는 무엇을 하는가? 부스러기나 남은 것을 가지고는? 곤충과 함께, 제이든의 불탄 편지의 재와, 나무의 상처와 함께 우리는 무엇을 하는가? 그러나 한편으로, 이러한 만남들이 자연 보호나 재활용, 살생 금지 등과 같은 원칙의 수준으로 다루어질 수는 없다. 반 두렌과 로즈는 "각자의 삶의 물질적 실재에서 타자에 대한 개방으로서의 윤리(첫 단락)"를 제안한다. 이들은 목격자-되기를 요구한다.

데이비스[2014]는 들뢰즈의 이론에 따라, 우리가 강렬하게 감응되고, 완전하게 흡수되어 움직이는 방식으로 현재의 순간에 일어나는 경험으로서 '이것임haecceity'[23]을 설명한다. 그녀가 설명하는 "만남이란 강도이며, 우리가 이미 알고 있는 습관적인 실천들 밖으로 당신을 데리고 나가는 되어 감becomming으로서, 내부 작용적이고, 감응하고 감응받는 그 힘에 응답하는 것이다."[p. 10]

데이비스는 달버그에 관한 논의에서 "만남 속으로 들어가 스스로를 재구성re-compose하고 감응받는 우리의 능력은 우리의 고유성을 향상시키고, 사유와 행위를 위한 능력을 확장시킨다"p. 1라고 말한다.

목탄과의 만남은 우리에게 희망을 주었다. 그것은 사유를 향해 열리는 희망이다. 새롭게 만나고자 하는 희망이다. 만지고 만져지고자 하는 희망이자, 관심을 갖도록 함께 다가온 어떤 것에나 주의를 기울이고자 하는 희망이다. 우리 자신을 세상의 예측 불가능성에 개방하는 희망이다. 그것이 무엇이든, 우리가 부분으로서 속해 구성하고 있는 배치들에 응답하는 그런 희망이다.

---

23. haecceity의 사전적 의미는 개체의 본질적 속성과 대비되는 그 개체만의 독특성, 본질적 속성을 공유하는 범주 안에서도 그 개체를 구분할 수 있는 개별적 특성을 의미한다. 들뢰즈의 개념에는 운동성과 관계성을 비롯한 감응적 능력이 포함되어 있다. "이것임 heccéité은 개체화에 대한 양태적 철학을 제안한다. 모든 개체는 어떤 한 특징적 관계 속에서 그에 속한 무한한 외연적 부분들로 구성된다. 이 관계의 독특성이 다수적 신체의 개체와, 즉 힘들의 상태, 혹은 스피노자가 말한 '운동과 정지' 또는 '빠름과 느림'-정지는 운동의 부재가 아닌 어떤 속도에 대한 상대적 느림이므로- 을 결정한다. 개체성을 구성하는 이 실존적 운동학적 관계는 또한 역량의 정도를 표현한다. 왜냐하면 한 개체 혹은 임의의 다양체는 단지 힘들의 관계의 운동학적 구성만이 아니라, 감응시키고 감응되는 역할적 능력 또한 함축하고 있기 때문이다"(안 소바냐르그, 2009, 『들뢰즈와 예술』, 이정하 옮김, 서울: 열화당, p. 66).

4장

물감: 배치
Paint: Assemblage

예상하고, 섞고, 살짝 바르고, 찔러 보고, 손가락으로 만지고, 토닥거리고, 저어 가며 섞고, 튀기고, 채색하고, 웃고, 구성하고, 연주하고, 흉내 내고, 울려 퍼지고, 으깨지고, 빠져나가고, 후드득 떨어지고, 흔적을 남기고, 미끄러지고, 혼합하고, 합쳐지고, 긁어모으고, 흐르고, 떨어지고, 쏟아지고, 짐작하고, 포장하고, 배열하고, 덮고, 들어 올리고, 연기하고, 수행하고, 춤추고, 이야기하고, 즉흥적으로 하고, 안무하고, 수정하고, 펼치고, 문지르고, 붓고, 어루만지고, 주고받고, 가리키고, 소리치고, 나누고, 상의하고, 시험하고, 담그고, 흡수하고, 가득 채우고, 완전히 메우고, 꺼내고, 확장하고, 이리저리 거닐고, 어우러지고, 비우고, 결합하고, 이야기 나누고, 긁고, 문지르고, 닦고, 씻는다.

이 장은 강렬한 템페라 물감으로 시작되며, 수개월 동안 우리 교실은 수채 물감의 붓질들로 얼룩이 가득했다. 물감은 유아교실에서 흔히 볼 수 있는 물질이지만 교육자들, 연구자들, 아이들

[사진 4.1.] 물감은 다른 물질들과 아이들을 어떻게 초대하고 응답할까?

은 마치 처음 만난 것처럼 물감을 마주했다. 우리는 아이들이 물감을 어떻게 경험할지가 아니라, 물감이 우리 교실을 어떻게 안무choreography할지가 궁금해졌다. 물감은 유아들의 감각 기술을 발달시키기 위한 도구라기보다는 생각할 수 있는 그 무엇인가가 되어 갔다. 이런 면에서 물감은 동사verb인 동시에 명사none였다.Ingold, 2011 섞기, 떨어뜨리기, 젓기, 으깨기, 튀기기는 예측, 구성, 수행, 내레이션, 촉각과 만났다.

그리는 아이들과 그려진 그림들, 물감으로 채워지길 기다리는 빈 종이, 교실 한구석에 새워진 이젤, 손의 움직임을 기다리는 붓들, 화려한 네 가지 색깔의 템페라 물감이 담긴 플라스틱 통들. 물감은 이 모든 것의 구분을 모호하게 했다. 이렇게 경계를 흐리면서 물감은 인간human과 비인간nonhuman의 신체를 배치했고assembled, 그 자체가 아상블라주assemblage가 되었다.[24]

우리는 물감의 점성, 즉 건조하고 응고시키는 성질, 부드러움, 매끄러움, 끈적거림에 주목했다. 또한 우리는 물감이 무엇을 하는지, 즉 흔적들을 남기면서 어떻게 퍼지는지, 어떻게 덮고, 어떻게 층을 만들어 내는지, 어떻게 섞이고 자신과 다른 것들을 변화시켜 나가는지를 살펴보았다. 교실을 배치assemblage하면서, 물감은 아이들과 교육자 모두에게 통찰, 문젯거리, 혼돈을 안겨 주었다. 물감은 신체들이 협력하고 협조하도록 했다. 또한 서로가 상호작용하고 간섭하도록 이끌었다. 아이, 붓, 수채화 물감, 교육자, 템페라, 이젤, 종이, 테이블, 연구자, 벽, 그리고 셀 수 없는 다른 감응된 신체들이 함께했고, 서로를 형성하기도, 분리하기도 했다.Bennett, 2004 물감 아상블라주는 교실의 서로 다른 시간과 공간에서 다양하게 발생하였다. 이는 힘을 얻거나 잃기도 하고 긴장을 조성했다가 때로는 방해하기도 했지만, 항상 새로운 질서와 새로운 특이성을 형성해 갔다.

이 장에서 우리는 물감을 중심으로 만들어진 아상블라주의 요소들 간 복잡한 상호작용 중 몇 가지의 흔적만을 따라가 본다. 베넷Bennett, 2010이 들뢰즈와 가타리1987에게서 취해 쓴 바와 같이, 아상블라주란 각 요소가 상호관계 속에서 "인간-비인간 작업 집단 human-nonhuman working group"p. xvii을 이룬 것과 같다. 교실에서 물감을 중심으로 만들어진 아상블라주에서, 우리는 이 아상블라주를 구성하는 데에서 "상이한 요소들의 무제한의 모임"에 대해서

---

24. 아상블라주(assemblage)의 사전적 의미는 '수집, 집합, 조합'이며, 미술 용어로 사용될 때 '(일상적 용품이나 폐품 등을 포함한) 다양한 재료를 조합하여 새로운 입체 작품을 만드는 기법'을 가리킨다. 이 장에서는 물감과 짝을 이루는 개념으로 제시됨으로써 미술 기법으로서의 아상블라주를 가리키면서도 들뢰즈와 가타리(Deleuze and Guattari, 1987)가 제시한 '삶의 접속과 상호작용의 과정'으로서의 아상블라주를 의미한다. 이 개념을 통해 어떤 신체나 사물, 나아가 국가를 '배치'로 보게 될 때, 이를 전적으로 지배하는 질서는 이미 존재하는 것이 아니라 요소를 상호 간 접속들로부터 창조되는 것이다. 예로, 인간의 신체는 유전적 물질, 관념들, 행동의 힘들, 다른 신체들과 맺은 관계의 배치이고, 국가는 신체들의 배치를 통해 산출된 효과이다. (정치적) 국가가 사회 질서나 개인의 정체성을 창조하는 것이 아니라는 의미이다(클레어 콜브룩, 2007,『들뢰즈 이해하기』, 한정헌 옮김, 서울: 그린비, p. 34 참조). 이러한 이해를 통해 더 이상 고정적이고 대상화하는 근대적 지식 개념은 유효하지 않게 되며, 사회적, 경제적, 정치적, 그리고 물질적 힘의 움직임 간의 연결을 규정짓는 다양성과 대비에 대한 주목을 통해 지식의 발현(emergence of knowledge)에 초점을 맞추게 된다. 이 책의 연구자들은 우리가 교육현장에서 만남(encounter)을 형성하고 이해해 가는 과정에서 물질적이고 담론적인 힘이 어떻게 함께 일어나는가를 제시하고자 했다. 배치 개념 역시, 특정한 배열과 위치의 요소들과 효과는 발현적(emergent)이다. 다시 말해, 이들이 함께 작동하면서 상호 의존적인 부분들의 현상으로서만 일어나고 존재하는 것이지 각자가 차지하는 지분에 따라 그 결과를 예상할 수 있는 성질이 아닌 것이다(Pacini-Ketchabaw, V. et al. 2015, Journeys-Early Childhood Practices through Pedagogical Narration, Toronto: University of Toronto Press. p. 195 참조).

만이 아니라 "구성 요소들의 특성properties보다도 무한한 가능성 capacities"Dittmer, 2013/2014, "배치론", 첫 단락, 강조는 원저자에 관심을 가졌다. 물감 아상블라주는 어떻게 변화되는가? 물감 아상블라주에서 힘과 강도의 어떤 섞임이 나타나는가? 물감은 표현과 행위에서의 새로운 가능성을 어떻게 열어 나가는가?

이러한 아상블라주에서는 이미 결정된 것은 아무것도 없었다. 그 결과는 "비인간적 요소들의 특성과 가능성"Dittmer, 2013/2014, "배치론" 10번째 단락을 향해 늘 유동적이었고 열려 있었다. 우리가 이 장에서 서술하는 물감과 다른 구성 요소들의 아상블라주는, 라투르Latour 2005a가 묘사했듯이 "허용하고, 긍정하고, 용기를 내고, 허가하고, 제안하고, 영향을 주고, 가로막고, 가능성을 부여하고, 금지하는 등"의 "권한"을 갖는다.p. 72

즉흥적으로 하기Improvising

얼룩진 하얀 깔개 천이 교실의 벽과 바닥을 덮고 있다. 경첩이 달린 나무 프레임의 긴 플렉시글라스[25] 패널이 교실의 중앙에 지그재그로 놓여 있다. 바닥에는 흰색과 보라색 템페라 물감이 들어 있는 검은색 플라스틱 그릇들 주변에 붓들이 흩어져

---

25. plexi glass-유리와 비교할 때 빛 투과율이 좋으며 강도는 매우 강하고 무게는 절반 정도로 가벼운 투명 소재로서 고급 아크릴이라 할 수 있다.

있다. CD플레이어에서 나오는 라흐마니노프의 36번 변주곡이 교실을 차분하게 한다. 맨발에 노란 바지를 입고 파랑과 갈색, 흰 줄무늬 티셔츠를 입은 릴라는 쪼그리고 앉아, 하얀 물감 통을 집어 들고 조금씩 보라색 물감에 섞는다. 가장 가까운 두 개의 페인트 붓을 손에 하나씩 쥐고, 릴라는 붓끝을 보라색 페인트에 넣었다가 재빨리 흰색에 넣어 섞는다. 그러고는 서서 플렉시글라스를 마주 본다.

쉭, 쉭, 쉭.

플렉시글라스 캔버스에 연보라색을 칠하면서 릴라의 팔은 빠른 동시 동작으로 위아래로 움직인다. 템페라 물감의 끈적거림이 그녀를 수행performance으로 초대한다. 릴라는 돌아서서 비디오카메라의 렌즈를 들여다보다가 멈추고, 가만히 서서 귀를 기울인다. 페인트 붓을 공중으로 올리며, 그녀는 엄숙하게 교향곡을 지휘한 다음, 플렉시글라스를 향해 되돌아가 음악에 따라 붓질을 한다.

갑자기 릴라는 물감 붓을 바닥에 놓고 쪼그려 앉아, 작은 손으로 흰색 물감을 밀고, 그리고 팔뚝의 뒷부분으로 보라색 물감을 누른다. 몸을 숙인 채 그녀는 손으로 한 발의 바닥과 발등을 흰색 물감으로 칠한다. 그러고는 발을 들더니 플렉시글라스를 가로질러 문지른다.

바닥에 구부린 채 릴라는 조심스럽게 왼팔을 흰색 페인트 통에, 오른팔을 보라색 페인트 통에 넣는다. 똑바로 일어섰을 때 점성이 있는 흰색 페인트는 팔뚝을 타고 천천히 바닥에 떨어진다. 손을 내밀어서 떨어지는 물감 방울을 잡아 플렉시글라스에 문지른다.

양손의 주먹을 꽉 쥐고 릴라는 물감이 손가락 사이로 긴 덩굴처럼 삐져나오는 것을 지켜본다. 물감은 진한데 힘을 줄 때 흐른다. 그것은 미끄럽고 부드러워서 릴라가 그 주위를 손가락으로 감싸 쥐면 손아귀에서 빠져나간다. 페인트는 붙들기가 어렵다.

이 교실의 협주에서 우리는 독창성과 즉흥성에 끌렸다. 템페라 물감이 영아반 교실에 들어왔을 때, 엄격하고 예측 가능한 움직임들과 규칙들은 이젤, 종이, 벽, 그리고 신체에 물감처럼 흩어져 버렸다. 교육자들, 아이들, 그리고 연구자들은 그들 스스로를 즉흥연주에 개방해 가면서 물감이 주는 리듬과 강도에 몰입되었다. 들뢰즈와 가타리[1987]는 "즉흥연주는 세계와 함께하거나, 그 안에 녹아드는 것"으로 "길을 만들어 주는 낭랑하고, 몸짓이 충만하며 움직임이 가득한 선을 따라… 우리는 선율에 맞춰 집을 떠나 모험을 한다"[pp. 311-312]라고 말한다. 이러한 즉흥연주는 항상 선형적이지 않다. 말하자면, 선들은 서로 접합하거나 또는 "다른 고리, 매듭, 속도, 움직임, 몸짓과 음향으로 '방황의 선lines of drift'이라는 싹을 틔우기 시작한다"[pp. 311-312]

교실의 협주에서 혼성된 몸인 릴라-물감-협주곡-CD-플레이어-플렉시글라스-보라-페인트-그리고-더-그리고-더는 서로에게 닿았고, 교향곡이 펼쳐졌다.

그러자 우리의 발달론적 유아교육의 방식이 하고자 하고 되고자 하는 것이 스탕제의 표현에 따르면 '실험하기experimenting'에 관한 것이 되었다. 여기서 실험하기란 그녀가 강조하듯이 무엇에 '대한on' 실험, 혹은 '가지고with' 하는 "실험하는 이와 실험하고자 하는 것 사이의 분리"를 함축하고 있는 것이 아니라, "우리가 경험하고 있을 때 바로 그 경험에 적극적이고, 열려 있으며, 강력한 주의를 기울이는 실천"을 의미한다.2008a: 109, 강조는 원저자 달리 말해, 즉흥과 발명, 움직임과 창조가 우리의 정략이 되었다. 우리는 이젤이나 테이블에 대한 물감, 붓, 템페라 통의 운동을 제한할 수 없었다. 물감과의 잠깐의 만남은 우리만이 아니라 물감 자신을 넘어섰다. 이 물감 아상블라주에 아이를 위해 마련된 특별한 장소가 없는 것처럼, 관행적 방식으로 마련된 곳도 없었다. 물감 아상블라주의 중반쯤, 우리는 다음과 같은 질문이 생겼다: 물감은 (그리고 아이, 붓, 이젤은) 무엇을 할 수 있는가? 물감은 존재하는 아상블라주와 어떻게 연결되는가? 물감은 어떤 새로운 아상블라주를 촉발하는가?

앞선 경우처럼, 우리의 호기심은 "한순간 일어나 주목받지 않고 인지되지도 않아"Peters, 2009: 150 순식간에 지나가 버리며 강렬한 순간에 불꽃처럼 일어났다. 들뢰즈와 가타리1987는 그러한 순간을 "감지할 수 없고, 예기치 않으며, 보이지 않는데 있는"p. 148 움직임 없는 여정이라고 묘사한다. 우리는 재빨리 이러한 감응적인 순간들을 붙잡아 둘 수도 없고 조절할 수도 없지만, '우리가 그것들과 더불어 작업할 수도 있다'는 것도 깨닫게 되었다. 에린 매닝Erin

Manning[2007]은 우리의 즉흥연주에서 "아직 알려지지는 않은"[p. xviii] 어떤 것이 만들어지도록 했다. 아직 알려지지 않은 어떤 것은 언제나 어떤 구성composition이나 배치assemblage의 중심에서 드러난다는 것을 이해함에 따라, 우리는 물감 아상블라주에서 새롭게 드러나는 창의적 잠재력에 새로 초점을 맞추었다: 붓, 음악, 물감, 릴라, 이젤, 그리고 무한한 여타의 것들이 어떻게 연합을 만드는가? 그들은 어떻게 서로 감응시키고affect 감염시키는가infect? 그들은 어떻게 재연합하는가reassemble? 그들은 어떻게 서로를 지탱하고 견디는가? 이 연합은 무엇을 가능하게 하는가?

발현하기Emerging

발현을 형상화하고, 신체가 잠시 안정화되고, 자신을 영토화했던 어떤 것이 금세 원상태로 되돌아가고, 실제가 어떤 형태로 활성화되는 그것이 바로 발현을 형상화하는 아상블라주의 창조적 가능성이다.Deleuze & Guattari, 1987 즉흥적 과정은 "공간 또는 영토를 동시에 표시하고 생산한다."Peters, 2009: 5 따라서 우리는 교실의 물감-이젤-아이-붓-교육자 아상블라주에서 이러한 형태들이 발현하는 방법들에 주의를 기울였다. 다시 말해, 구조화된 활동을 통해 질서와 형식을 갖추고자 하는 시도보다, "안정적 질서를 생산해 내는 구성의 과정"Anderson, Kearnes, McFarlane, & Swanto, 2012: 175이 우리의 중점이 되었다. 몇 주의 시간을 거듭하면서 교실에서는 언제나 무언가 다른 것이 나타났고 무언가는 지속되었다.

교육자인 게일은 플렉시글라스의 패널 근처에서 여러 아이들과 함께 그림을 그리고 있다. 프랭키, 릴라, 사울은 서로의 팔, 발가락, 볼을 처음에는 손가락으로 칠하고 그다음에는 붓으로 칠하는 실험을 한다. 물감과 붓이 얼굴의 윤곽을 따라가는 게임을 하고 싶어 하자, 게일은 플렉시글라스의 반대편으로 걸어간다. 중앙의 패널 한쪽에서 무릎을 구부린 채, 그녀는 유리 가까이 자신의 얼굴을 대고, 손을 펼쳐서 아이들을 향해 손바닥을 벌린다. 아이들은 재빨리 붓으로 그녀의 손가락을 따라 그리고, 그녀의 얼굴을 덮기 위해 유리에 물감을 문지른다.

프랭키가 역할을 바꾸어 자신의 얼굴을 따라 그리기를 원하자, 프랭키와 게일은 위치를 바꾼다. "분홍, 파랑, 아니면 빨강?"이라고 게일이 묻자, 프랭키는 분홍을 선택한다. 게일의 요청에 따라 플렉시글라스로 더 가까이 움직인 프랭키는 그녀의 "얼굴"에 물감이 칠해지길 기대하며 기다린다. 게일이 그녀의 눈 주위에 원을 그릴 때, 프랭키는 마치 살갗에 눈송이가 떨어질 때를 느끼듯이 미소를 짓는다. 프랭키는 기대 속에서 움직임을 완벽히 멈추고는 오직 눈만 플렉시글라스 반대쪽의 젖은 붓을 따라간다. 그녀의 눈, 입, 치아, 코, 머리카락의 굵은 나선형을 톡, 톡, 톡, 가볍게 그린다. "그리고 턱. 네 턱을 간지럽혀야겠다!" 팔, 손, 손가락. "다시 해요!" 프랭키가 소리친다. 게일이 붓으로 프랭키의 얼굴을 가볍게 다시 따라 그리고 프랭키는 플렉시글라스의 게일 쪽으로 재빨리 돌아와 밀어낸다. "이제 선생님

차례예요!" 게일은 프랭키가 그녀의 얼굴에 쉽게 닿을 수 있도록 바닥에 엎드려 있다. 프랭키는 붓을 주먹으로 단단히 움켜쥐고는 아래로 아래로 길게 획을 그어 게일의 얼굴 모양 윤곽을 그리고 나서 타원형의 맨 위쪽에 두 개의 눈을 색칠한다.

위와 같은 물감 아상블라주에서 우리의 주요 질문은 무엇이 아상블라주를 진행되게 하며, 새로운 표현의 잠재력을 열어 가는가에 대한 것이다. 대부분 물감 아상블라주의 흥미로운 측면은 반복의 중요성이었다. 감응을 주기도 하고 감응을 받기도 하는 물감의 "행함doing"은 심지어 가장 단순한 경우에서조차 물감-유아 아상블라주의 한 부분에서 지속적인 활동들을 요구했다. 그럼에도 변화와 끝없는 변형은 장식과 발전, 때로는 이러한 습관적 행동 패턴을 무너뜨리는 데 결정적으로 중요했다. 매일, 새로운 요소가, 움직임이, 표현이 만남을 알아 가는 일부가 되었다.

섞기와 흘러내리기Blending and Bleeding

아이들과 두 교육자들이 수채화 물감으로 하얀 종이와 붓, 밝은 물감들로 뒤덮인 길고 낮은 테이블 위와 주변에서 그림을 그림에 따라, 교실은 색과 움직임으로 살아 있다. 엘리는 붓으로 파란색과 녹색을 종이에 혼합하면서 "내가 섞고 있어"라고 말한다. 테이블 위와 천장에 매달린 끈 아래에, 12인치짜리 가늘고 긴 종이가 다리가 긴 거미와 비슷하게 다발로 달려 있다. 마르타와 몇 명 아이들은 매달려 있는 종이에 물감을 칠하고 있다. 물감은 물감-종이-아이들-테이블 위로 떨어지고 흘러내린다.

아이들과 교육자들이 물감에 친숙해져 갈수록, 그들은 물감에 더욱 강렬하게 감응했다. 하지만 이러한 감응들은 서구 유아교육계의 발달적 접근에서 설명하는 바와 같은 개별적이거나 심리적인 수준에서 발생하는 것이 아니었다. 여기에서의 감응은 다소 차이가 있었다. 매닝2010은 이렇게 설명한다.

감응-affect은 존재being가 개별화 국면을 가로질러 되어가도록to become 촉발하는 횡단적 힘이다. 이것은 바로 되기becoming를 이끄는 것, 즉 "개체 자신과 맺은 관계와 세계와 맺은 관계 간의 연결"이다. 감응은 아직 개별화되기 이전 현실과 잠재의actual-virtual 팽팽한 순환에서 '생명a life'의 되어감의 힘force of becoming의 표현이다.p. 122, 강조는 원저자

들뢰즈에 기대어, 오설리번O'Sullivan, 2006은 감응이란 "주어진 실행의 대상이 그것을 바라보는 이에게, 그리고 그 바라보는 이의 '되어 감becoming'에 미치는 영향"p. 38이라고 설명한다. 달버그와 모

스Dahlberg & Moss, 2009는 어떻게 감응이 "사람들이 몰두하고, 심지어 '사로잡히는' 일종의 감염과 같은 것으로 기능하는지"p.xiii에 대해 기술한 마수미Mussumi의 이해에 근거를 둔다. 횡단적 힘으로 감응을 바라보는 것은 물질적 실험에서의 질문들을 변화시킨다. 즉, 그것이 무엇이고 무엇을 의미하는가를 묻는 데에서 어떤 실행이 활기를 주는지에 중점을 두도록 한다. 이런 이해 안에서, 감응은 "관습을 깬다."O'Sullivan, 2006: 22

물감 그리기 과정에서 변환과 전이를 불러일으킬 감응적 분위기를 관찰함으로써, 우리는 물감의 비교적 관습적인 운동과 리듬이 물감의 역량에 대한 섬세한 응답으로 섞여 들어갔던 것을 알아차렸다. 물감의 역량은 우리 아이들과 교육자들이 서로 다른 성공의 정도로 물감 아상블라주를 확장시키고 확대해 가도록 독려했다. 물감은 더 깊이 스며들고, 섞기와 흘러내리기도 계속된다.

> 길고 넓은 종이들이 L 형상으로 벽과 바닥에 붙어 있고, 그 종이들 사이 세 번째 종이가 대각선으로 텐트 모양을 만들며 붙어 있다. 아이들은 다양한 표면을 칠한다. 벽에 있는 종이, 텐트 꼭대기에. 그리고 다른 아이들은 바닥 아래에 누워 밑면을 칠한다. 근처에 있는 마르타는 몇몇 아이들에게 에릭 칼(Eric Carle)의 『별을 따 주세요』를 읽어 주면서 바닥에 앉아 있다. 조금 전 엘리가 물감을 섞고 있다는 말을 듣고 힌트를 얻은 마르타는 엘리와 아이들에게 이 책의 삽화 속의 색깔, 즉 이글거리는 태양의 빨간색과 주황색, 그리고 해마의 하늘색, 초록색,

노란색이 어떻게 섞이고 번지는지 보여 주고 싶어 한다. 마르타는 아이들에게 "여기 수채화 물감이 있어"라고 설명한다. "너희들도 수채화 물감을 섞고 색을 많이 만들 수 있어." 이야기가 흘러가면서, 마르타는 엘리를 부른다. "이것은 특별히 네가 봐 주길 바랐던 부분이야. 작가는 무슨 색을 만들어서 밤하늘을 그린 것 같아?" "파란색과 검은색!" 엘리가 박수를 친다.

길버트Gilbert[2004]는 즉흥적인 아상블라주는 경계가 흐려질 때 그 자체를 표현하는 데 가장 능동적이고 유능하다고 한다. 수채화 물감, 음악, 아이들, 물고기, 책, 교육자, 문어는 함께 하나가 되어 간다. 아상블라주는 함께 움직이는 강도의 생산적인 흐름에서 조화를 이루고, 공명하며, 생산적인 강도의 흐름인 물감-되어 가기becoming-paint에 도달한다. 물감은 아상블라주에서 아이들이 영향력을 가지고 현존하게 한다. 물감 아상블라주는 강력한 감응과 강도의 세계가 되어 간다. 여기에서, 물감에 능숙하거나 친숙하게 되어 간다는 것은 발달 중심의 유아교실에서 물감을 사용하는 데 요구되는 조작과 이 프로젝트가 진행된 교실 조건에서 요구되는 조작 사이의 경계가 흐려짐을 의미한다.

배치하기Assembling

두 명의 아이들, 릴라와 프랭키, 그리고 교육자 미라는 높은 플렉시글라스 패널 앞에 함께 있다. 프랭키가 덮개 천 끄트머리에 다리를 꼬고 앉은 채 복숭아색 물감 통에 양손을 담갔다가 맨발에 자유롭게 칠하는 동안, 미라는 무릎을 꿇은 채 손등과 팔뚝으로 플렉시글라스에 오렌지색 물감을 칠하고 있다. 미라가 프랭키에게 손을 뻗고 프랭키가 복숭아색 물감으로 미라의 팔뚝을 문지르자, 미라가 프랭키의 발을 매만진다. 이들을 지켜보던 릴라가 신발을 벗고 흰색 물감으로 자신의 오른쪽 발을 문지른다. "네 발도 문질러 줄까?" 미라가 묻는다. "아니, 제가 할 거예요." 하고 릴라가 무미건조하게 대답한다. 프랭키가 복숭아색 물감을 들고 재빨리 릴라 옆에 가서 앉는다. "도와줄까?" 질척거리는 물감 한 통을 들고 한참 탐구하더니, 프랭키는 물감을 자신의 작은 손에 잔뜩 묻혀 릴라의 발을 두 손 사이에 가져다가 천천히 문질러 준다. 물감은 미끈거리고, 시원하고, 젖어 있다. 페인트를 손에 다시 묻힌 채 프랭키는 릴라의 몸을 잠재적인 캔버스로 생각하며 주변을 서성이다 릴라의 검정 바지를 입은 다리를 살며시 누른다. 그다음 두 소녀는 먼저 흰색 물감으로, 그리고 오렌지색으로 릴라의 발 전체를 칠하기 위해 재빠르게 협력한다. 프랭키는 바닥 장판 위의 흰색 물감 웅덩이를 한 손가락으로 쿡 찔러 본다. 그녀는 비디오카메라를 들고 있는 베로니카를 쳐다보고 묻는다. "그려도 될까요?" 베로니카는 "당연하지. 내 손에 그려도 돼." 릴라도 와서 두 소녀는 베로니카의 왼손 손가락 하나씩을 물감으로 마사지한 다음, 그들의 미끄러운 손을 베로니카의 팔에 올린다. 릴라는 베로니카의 손 등에서 많이 발려 있는 물감을 떼어 내어, 플렉시글라스에 비친 베로니카의 형태에 바른다. 작업의 과정을 반대로 해서, 릴라는 플렉시글라스에서 물감을 가져다 베로니카의 팔을 따라 칠한다. "난 두 사람 모두를 그리고 있어요." 릴라가 설명한다.

신체들은 우리의 물감 아상블라주에서 중심을 차지했다. 이 신체들이 유아기 실제에 발달적으로 적합한 감각 지각 모델의 이미 만들어진 캔버스도 아니고 특이한 경우도 아니라 하더라도 말이다. 물감 아상블라주에서의 신체들은 늘 형성 중이며, 변형 중이고, 함께 창조하는 구성체였다.Manning, 2009 에린 매닝Erin Manning, 2009 은 이러한 형태 변화 중인 신체에 관해 다음과 같이 자신 있게 말하고 있다.

만약 신체가 단순히 이미 형성된 조직의 연결과 감각 입력으로 되었다면, 재결합의 잠재적 가능성은 없을 것이다. 그러한 신체는 존재하지 않는다—신체는 '존재is'가 아니라, '행위does'이다. 신체가 무엇을 할 수 있는가는 시공간을 구성하는 능력에 달려 있다. 시공간은 아직 의미를 알 수 없는 감각하는 신체의 움직임에 따라 형성된다. 감각한다는 것은 단순히 입력을 받아들이는 것이 아니다—발명하는 것이다. 창조는 재구성의 열린 기계open machines로부터 시작된다. 신체는 무한한 재구성을 향해 감각하는 기계와 같다. 감각 지각은 단순히 정적 신체에서 분석된 "거기 바깥"에 있는 것이 아니다. 그들은 신체-사건들body-events이다.[p. 212,] 강조는 원저자

물감 아상블라주에서, 감각하는 신체들이 서로에게 닿았다. 이러한 접촉의 과정에서 그들은 관계적인 지향적-움직임을 활성화했다. 스스로를 재구성했고, 서로를 향해 움직였으며, 서로를 물리치기도 하고, 그들의 근접성을 감각하고 재감각하며, 동시성의 안팎으로 움직였다. 매닝이 우리에게 말하듯이 물감 아상블라주에서의 접촉은 주어지는 것이 아니라 활성화되는 것이다. "각각의 접촉은 촉각에 의한 감각 입력 훨씬 그 이상이다. 그것은 함께 듣고 그것을 통해 보는 것이다."[2009: 212] 물감으로 서로를 칠하는 것은 결코 단지 누군가의 발을 만지는 것이 아니다. 물감으로 이젤을 칠하는 것은 결코 투명 플렉시글라스를 만지는 것이 아니다. 이것은 세계하기worlding의 행위이다. 즉, 매닝[2009]이 말한, "시공간의 변형체를 느끼는 것"[212]이다. 이것은 플렉시글라스의 접근을 듣는 것이고, 확장하고 감소하는 이젤의 한도를 표현하는 것이다. 이것은 붓의 무게를 느끼면서 움직이는 것이다. 이것은 움직이며 물감의 촉촉함을 느끼는 것이다. 이것은 이젤의 거리를 감각하는 것이다. 이것은 세계를 재구성하는 것이다.

교실 가운데에 있는 플렉시글라스 패널은 템페라 물감으로 거의 덮여 있다. 베로니카는 유리를 더욱더 불투명하게 만들기 위해 물감이 묻은 스펀지를 꾹꾹 눌러 닦는다. 반대편에서는 이니코와 오스틴이 숨을 죽이고 기다린다. 그들은 베로니카를 느끼고, 베로니카도 그들을 느낀다. 까꿍 게임이 시작되더니 두 시간 동안 이어진다. 플렉시글라스를 덮고 있는 두껍고 젖은 물감은 다양한 대화들을 가능하게 한다. "그 물감을 통해 나를 볼 수 있니?" "아니." 닦는다. "이제 볼 수 있어!" 스펀지로 물감을 묻힌다. "이제 안 보여." 킥킥거린다. 뛴다. 물감을 닦아 내고, 물감을 묻힌다. "이제 나 보여?" 물감에서 아주 작은 한 부분을 닦으면 다른 것이 드러난다. 스펀지를 손에 들고, 화가들은 플렉시글라스-오스틴-젖은-질척한-물감-베로니카-웃음소리-이니코-뛰기-문지르기-신나서 소리 지르고-느끼는-신체들이 되어 간다.

이러한 물감 아상블라주에서 일어나는 것은 아이들의 마음이나 머리에서 일어나는 그 이상의 것이었다. 이러한 아상블라주는 세계하기worlding에 대한 것이었으며, 우리가 앞서 발견했던 바와 같았다. 매닝2009은 철학자 화이트헤드Whitehead의 관점을 빌려, 뇌에서 생산되는 감각-데이터와 세계에서 생산되는 것 간의 차이에 대해 다음과 같이 설명하고 있다. "언제나 이미 형성된 세계의 주체에 근거한 자극-반응의 단순한 주장을 반박하면서" 화이트헤드는 "과정으로서… 재조성을 위한 기술로서 신체-세계에 대해 생각하기"를 선호한다. 여기에서 "감각들은 생물학적인 신체의 주체적인 삶으로 포함되기 위해 미리 조성된 외부 자극으로 생각될 수 없다".^{p. 218} 감각하는 신체는 감각하는 것이 어떤 의미일지 미리 알지 못한다. 매닝이 기술했듯이, "신체, 감각, 그리고 세계는 새로운 사건을 창조해 내기 위해 재결합된다".^{p. 218}

새로운 사건들, 새로운 연결들, 새로운 감각들이 물감 아상블라주에서 발현되었다.

창조하기Creating

물감 아상블라주가 탄력을 얻었다. 그들은 갇혀 있지 않는다. 그들은 창조적인 힘을 갖는다. 물감 아상블라주는 긍정적인 창조물로서 행위를 하고, 긍정적인 창조물은 매닝이 말했듯이 더욱 많은 생명을 창조해 내는 것이다. 이것은 세계를 세계하기worlding a world이고 함께-구성하기이다. 이것은 "생명life의 힘"이 되어 가는 것이다.^{Manning, 2010: 171, 강조는 원저자} 물감 아상블라주는 살아 있다. 그들은 부분들의 합 이상으로 자기 자신의 생명을 갖는다. 그들은 생명을 따른다.

> 오늘 프랭키와 릴라는 아주 흥분하고 있다. 아마도 스튜디오의 커다란 창문을 통해 흐르는 햇빛 때문인 것 같다. 그들은 좀 더 균형을 잡고, 행진하고, 춤을 추고, 신발을 벗고, 노래를 부

르고, 춤을 추기를 원한다. 그들은 지난 며칠 동안 벽과 이젤을 덮었던 커다란 종이들을 모은다. 종이들은 변장을 한 듯이 밝은 템페라 물감을 머금었다. 두 소녀가 이중 이젤 주위에서 서로를 쫓고 있다. 각자 깨끗한 흰 종이를 가지고 있다. 프랭키는 자기 종이의 모든 부분을 빨간 물감으로 덮는다. 칠하고, 칠하고, 칠하고, 그녀는 자신의 손을 붉게 칠하고는, 손을 내밀면서 "빨갛다, 빨갛다!"라고 소리를 친다. 곧 릴라의 손과 팔도 빨갛게 변한다. 교실과 종이, 그리고 물감이 살아난 것처럼 아이들은 진홍색 손을 맞잡고 뱅글뱅글 신이 나서 뛰어다닌다. 무너지고, 뛰어오르고, 다시 또 시작한다.

물감 아상블라주는 그들의 관계를 뒤흔들고 휘저었다. 그러나 모든 것이 그렇게 되진 않았다. 물감 아상블라주는 사라지거나 잘못된 방향으로 흘러가기도 했다. 그러므로 감응되고 감응을 받는 관계와 신체의 역량을 유지하는 것이 매우 결정적이었다.

이 관계에 놓인 것이 물감 아상블라주의 정신ethos이다. 매닝은 2010은 다음과 같이 쓴다.

관계의 윤리란 사건에서, 생각-느낌의 차원에서 뒤흔드는 행위이다. 관계의 윤리는 그 발현에서의 사건에 관심이 있다. 이미 알고 있고/알려진 위계를 반박하고, 그 대신 앞으로 도래할 것에 내기를 거는 조건이 발현되는 경험의 환경을 수평화하기를 선호한다.p. 171

교육자와 연구자로서 우리가 고민해야 하는 것은 관계relations
이다. 보라색 물감, 아이들, 빨간색 물감, 우리들, 수채화 물감, 음악,
붓, 창문을 통해 들어오는 햇빛, 플렉시글라스 등 다양한 요소들
사이의, 그리고 가로지르는 역동적인 관계 말이다. 질린스카Zylinska,
2014는 이러한 관계들이 최소한의 윤리 또는 생명의 윤리라고 주장
한다. 우리에게 이것은 최소한의 페다고지minimal pedagogy이다. 비
체계적, 비독선적, 비규범적인 페다고지. 그 무엇도 재생산은 없다.
언제나 창조에 열려 있다. 언제나 관계의 지속이자 발현하는 아상
블라주의 생태의 지속이다.

5장

점토: 생태학
Clay: Ecologies

꼬집고, 찌르고, 누르고, 모양을 만들고, 던지고, 던지고 긁고, 형태를 만들고, 들어 올린다. 점토는 믿을 수 없을 정도로 다재다 능하다. 그것은 얇게 잘리고, 조각되고, 장식되고, 유약을 발라 광 택이 나고, 씻을 수 있고, 운반되고, 윤이 나고, 팽창하고, 불붙고, 떨어지고, 모양을 갖추고, 조각되고, 물에 잠기고, 스프레이로 채색 되고, 구멍 나고, 변형되고, 광이 나고, 물감으로 채색되고, 두드려 지고, 편평해지고, 파이고, 변형될 수 있다. 점토는 움직이고, 흔들 리고, 울고, 찌르고, 무너지고, 마르고, 늘어나고, 모양을 취하고, 녹 고, 물기가 맺히고, 앉고, 눈물을 흘리고, 부서지고, 무너지고, 일어 나고, 붙고, 떨고, 쉬고, 모아들인다.

　이 장은 점토가 제기하는 문제들, 좀 더 정확하게는 점토가 하 는 요청에 관한 것이다. 점토는 많은 요구를 한다. 예를 들어, 불에 구울 때 극도의 주의를 요한다. 너무 빨리 냉각되면 부서지는 경 향이 있다. 자연적으로 발생하는 탄소가 올바른 방법으로 타지 않

[사진 5.1.] 우리는 점토가 생태계에서 어떻게 행위를 하고 소통하는지 발견하고
자 한다.

으면 그 중심이 검게 되거나 부풀 수 있다. 점토의 형태를 만들 때 생기는 기포가 유약을 바를 때 터질 수 있다. 점토의 입자가 이온 화되어 서로 밀어내면 점토가 액화되어 작업할 수 없게 될 수 있다. 한 번 마르고 굳어 버리면, 부서진다. 금이 가면, 먼지로 돌아간다. 한 번 먼지가 되면, 모아서 다시 물에 적실 수 있다. 휘저어서 흩어져 버리지 않는다면 말이다.

이 장에서는 유아 센터에 있는 아트리움 스튜디오에서, 강에서, 그리고 숲에서 어린이들과 교육자들이 점토와 함께 작업했던 세 가지의 '점토 생태clay ecologies'를 이야기한다. 이 세 생태에서 우리는 우리 질문들이 "더욱 살아 있고, 더 생생하며, 점토에 대한 어떤 진실보다도 더 잊기 어려운"Stengers, Manning, & Massumi, 2009: 3 "발명의 공간"p.3으로서 점토를 만났다.

우리의 아트리움과 강, 그리고 숲의 스튜디오들에서 배운 많은 것들 중 하나는 점토의 생태가 교육자들과 어린이들을 생각하지 않을 수 없게 한다는 것이다. 주저하고, 느끼고, 알아차리고, 질문하게 한다. 이 생태들은 세심한 주의와 자양분, 그리고 그에 맞는 역량을 요구한다. 그리고 인간이 모든 것을 구축하는 것이 아니며, 규준norm이라는 것은 없고, 각 점토 조각들은 서로 다르게 행위를 한다는 것을 상기시켜 준다.

아트리움 스튜디오의 점토Clay in the Atrium Studio[26]

이 스튜디오는 유아 센터의 넓고 밝은 아트리움으로서, 복도들과 열리는 방들이 연결되어 있다. 밝은 페인트로 얼룩덜룩해진 커다란 캔버스 천이 바닥을 덮고, 낮고 흰색의 모듈식 테이블이 중앙에 연결되어 위치한다. 거기에는 가지 치고 난 나뭇가지들과 다양한 형태의 바위와 자갈들, 그리고 다양한 형태와 크기들, 즉 계란형, 덩어리, 공 모양, 납작한 디스크 모양의 점토 조각들이 있다. 테이블 끝에는 바위들과 점토, 잔가지들을 쌓아 놓기 좋은 서랍이 있다.

팝 업 갤러리[27]와 마찬가지로 아트리움 스튜디오는 영구적인 것이 아니다. 이 공간은 매주 화요일 점토 생태로 재창조된다. 다른 스튜디오와 마찬가지로 아트리움은 생각하고, 행하고, 느끼고, 매체들을 실험하는 장소이다. 이곳은 우리를 아이디어나 문제에 창의적으로 집중하게 해 준다. 조각이든, 공연이든, 문서로 기록된 것이든, 무언가를 생산하기 위해 함께 작업하는 공간을 마련해 준다. 점토를 부드럽고 질퍽하게 유지하는 데 도움이 되는 시원하고 습한 숲과 강의 스튜디오와 달리, 아트리움은 따뜻하고 건조하며 점토는 빨리 단단해진다.

---

26. [옮긴이 주] 건물 중앙 높은 곳에 보통 유리로 지붕을 한 넓은 공간.
27. [옮긴이 주] pop-up art gallery: 한정된 시간 동안 임시적으로 운영되는 전시 공간. 가게 앞이나 창고처럼 비전형적인 공간에 실험적인 목적으로 마련되는 경우가 많다.

아트리움에서 작업하는 것은 오고 가는 것들, 즉 지나가는 사람들, 벽의 시계, 우리 머리 위에 있는 형광등의 깜박임에 주의를 기울이게 한다. 다른 곳에서 가져온 물건들, 예를 들어 나뭇가지의 조각, 돌, 점토, 자갈, 전나무의 뾰족한 줄기에도 마찬가지다. 어린이들의 몸이 아트리움을 오고 간다. 이어지고 이어지는 손들이, 그리고 수많은 발들이 같은 점토 조각을 만져 따뜻하게 하고 시원하게 하며 모양을 만들고 두드리고 변화시킨다.

숲속의 점토

우리는 유아 센터 근처의 작은 나무숲에 숲 점토 스튜디오를 만들었다. 습한 날씨에 물로 가득 찬 개울이 그 사이를 흐른다. 숲속의 점토는 우리가 아트리움에서 보던 것과는 다른 움직임들을 하게 한다. 여기서 우리가 땅, 나무, 물, 새, 사슴, 우리, 식물, 곤충, 솔잎, 점토 사이의 관계 한가운데에서 연결되어 얽힌다는 것을 잘 알 수 있다. 점토 작업 과정에서는 변화가 풍부하다. 점토가 나뭇가지에 달라붙고, 물에 잠기면 사라지고, 부식된 나뭇잎들을 붙이며 숲의 부엽토 가운데를 굴러다닌다. 아이들은 숲을 변형시키고 숲은 아이들을 변화시킨다. 연결이 이루어진다. 어떤 것들은 예상되기도 한다. 점토-막대, 점토-물, 손-점토 숲-뛰기, 뛰고-달리기. 어떤 것들은 우리가 예상하지 못한 것들이었다. 점토-부츠, 나무-

아이, 숲-벌레, 까마귀-부르기. 또 다른 것들은 놀랍고 사랑스럽다. 사슴은 스튜디오로 다가가 우리가 점토와 움직이는 것을 조용히 관찰한다. 텅 빈 나무에 사는 거미는 아이들이 거미줄 주위에 점토를 눌러 놓을 때 가만히 있다. 딱따구리는 우리 위에 있는 나무에서 벌레들을 먹는다. 점토는 다양한 종들의 사건이 된다.

우리가 숲에서 점토와 마주칠 때 많은 것들이 우리의 관심을 사로잡는다. 우리들 중 몇은 나뭇가지, 바위, 동물, 물, 사람, 떨어진 나뭇잎에, 점토에 남긴 흔적과 자국들에 집중한다. 또 몇몇은 점토의 색, 냄새, 질감과 유연성에 관심을 갖는다. 숲에서 점토로 작업하는 것은 우리가 서 있고 살고 있는 땅을 눈여겨보게 한다. 우리는 여전히 정착민으로서 이 땅을 차지해 나가는 것에 대해 아이들과 함께 어떻게 생각할지 주의를 기울인다. 우리는 점토가 예술 작업의 재료로 생산되느라 훼손된 땅에 주목한다.

강의 점토

강 유역은 넓지만 강물은 적어서 우리의 스튜디오는 둥근 돌들과 떨어진 나뭇잎의 넓은 바다와 같다. 이 돌들은 아이들의 고무장화 신은 발을 걷기 힘들게 하고, 작은 손들이 집어 들고 관찰하도록 초대하며, 던지고, 쌓고, 주머니에 넣고, 집에 가져가게 한다. 두 바위를 함께 부딪치고, 진흙 덩어리를 그 사이에 넣고, 점토의 표면에 나뭇잎을 찍어 낸다. 큰 바위는 작업대, 작은 바위는 망치로 변해 젖은 진흙을 찧어 다진다. 손으로 미끄럽고 질척한 점토를 사발 모양으로 만들어 강에서 찬물을 떠서 마신다. 우리와 아이들은 돌의 바다를 항해하여 강 유역에서 고대 진흙을 추출하고, 물에 '씻어' 우리 피부에 눌러 손에 쥔다. 진흙이 다시 강에 녹아 사라진다.

강에서 점토를 가지고 작업하는 것은 우리가 그것을 만질 때, 돌 위에 펼쳐 부드럽게 할 때, 그것이 차가울 때, 젖었을 때, 우리 손가락들 사이로 꼭 쥐어질 때, 손으로 때릴 때, 화강암을 문지르려고 스펀지처럼 누를 때, 우리의 손에 진흙이 어떻게 느껴지는지 주목하게 한다.

강에서 점토 작업을 하는 것은 우리의 주의를 물로 이끈다.

메소와 윤리생태계Meso and Ethoecology

점토의 생태에 대해 생각해 보자면, 점토의 고유한 특질에 주의를 기울이게 하는 이자벨 스탕제Isabelle Stengers의 환경milieu[28] 개념에 주목하게 된다.Stengers 외, 2009 점토는 서로 구분되면서도 동등하게 역동적인dynamic 생태계에서 다른 무언가를 요구한다. 생태

---

28. [옮긴이 주] milieu는 '사회적 환경'의 개념으로서, '자연적 환경'을 의미하는 environment와 구분된다.

계의 개념은 점토의 근본적인 특성과 가능성을 포함한다. 이는 그 환경milieu에서 점토와 작업을 하게 할 뿐만 아니라 점토와 환경의 관계에 대해 생각할 수 있게 해 준다.

점토는 아트리움, 강, 숲에서 다르게 행위하고/요구하고/살아간다. 그러므로 각 점토 생태는 우리가 "환경을 통해, 그 '중간'을 통해 생각할 의무를 부여한다."Stengers 외, 2009: 4 스탕제는 이 중간을 "메소the meso"p. 3라고 부르며 이렇게 말한다.

'메소'라는 개념은 비교적 새롭다. … 미시물리학은 물리학자들의 이상과 같은 것으로 잘 알려져 있다. 거시물리학 역시 결정, 액체, 그리고 일반적이고 측정 가능한 성분들로 규정되는 물질들에 대한 것으로 친숙하다. 하지만 메소는 이 둘 중 어느 것도 아니다. 그것은 어떤 문제matter가 아니라 그 물질material에 관한 것이다. 왜 접착제가 붙을까? 왜 금속은 강한 힘을 가하고 부수는 경향이 있을까? 이것은 틈새와 균열의 과학이다. 결함의 과학이다. 문제Matter가 아니라 '이this' 물질 자체에 대한 질문을 하는 한, 이것은 과학의 한 종류이다.p. 3, 강조는 원저자

브론펜브레너Bronfenbrenner, 1979가 어린이들의 미시적이고 거시적인 맥락에 주목하고 그들의 맥락에서 무슨 일이 일어나는가에 질문했던 데 비해, 메소 개념은 우리를 다른 어딘가로 이끈다.

메소는 스탕제가 윤리생태계ethoecology[29]라 부른 곳, 즉 "그 분자[이 경우는 점토의 분자]의 고유한 성질ethos[30]을 필요하면서 또한 그 성질이 활성화될 수 있는 '집oikos'[31]에서 분리될 수 없는 곳"Stengers 외, 2009: 3을 필요로 한다. 우리의 점토 생태계들을 포함한 윤리생태계는 전체성에 저항하는 "탈국지화된delocalize 상호작용"을 요구한다. Stengers 외, 2009: 3 화학 철학자 스탕제는 여기에서 탈국지화된 지점을 한 분자 안에서 두 개 이상의 원자 간 공유가 일어나는 화학으로 설명한다. 그녀에게 윤리생태계는 연결에 대한 것이며, 이 연결이란 "신뢰와 내재적 차이의 기술 모두를 요하는 '실존'의 문제"이다. 스탕제는 이에 관한 물음이 구체적이고 명확해야 하며 "특성이 현존"하게 되도록"Stengers 외, 2009: 3 해야 한다고 말한다. 예를 들면 다음과 같다.

---

29. [옮긴이 주] 스탕제는 이 개념을 과학자이자 철학자였던 화이트헤드(Alfred North Whitehead)가 단순히 생물학이나 환경 윤리 이상으로 생태계를 본 관점을 통해 정립한다. 화이트헤드의 존재론은 유기적(organic)이면서도, 부분보다 전체를 우선시하는 관점과는 거리가 멀었는데, 화학자들에게는 화학적 반응을 '분자들의 ethnology' 관점에서 보고, 물리학자들에게는 양자와 전자를 자연 유기체의 한 종으로 보길 바랐다. 또한, 그는 '유기체(organisms)'가 자기 충족적인 개체가 아니며 끊임없이 변화하는 조건 가운데 모든 차원에서 능동적이고 지속하는 것이라 생각했다. 유기체는 온전한 전체이면서도 이를 구성하는 각 부분들의 존재 의미에 우선하지 않았다. 하나의 분자에서 큰 사회 조직까지 유기체로서 온전히 지속되기 위해 전체를 위한 각 부분들의 역할 수행 지속이 필요한데, 이것은 종속관계이거나 일방적으로 부여된 역할의 수동적 수행이 아니라, 부분들이 전체의 목적에 영향을 받을 수 있고 받고자 하는 관계 속에 있을 때 성립한다고 보았다 (Stengers, 2011, Thinking with Whitehead, Harvard University Press. 참조).

30. [옮긴이 주] 기풍, 성품, 인품 등 개인이나 단체가 갖는 고유한 성질을 의미한다.

31. [옮긴이 주] 고대 그리스어에서 유래하여 영어 접두사 'eco-'로 변형되어 남아 있다. 공적으로 모이는 '광장' 등과 대비되어 '집, 가정' 등의 사적인 생활 단위 및 공동체를 의미한다. 여기에서는 구성 분자들이 고유성을 유지한 상태에서 긴밀한 연결성으로 상호작용하고 있는 상태를 의미한다.

균열crack이란 무엇인가? 이것은 어떻게 전파되는가? 어떻게 발견하게 되는가? 무엇이 이것을 한계점에 이르게 하고, 어느 지점에서 깨지는가? 이 질문들은 균열과 같이 온전히 그들 자신의 존재 방식에 적절한 존재의 발명을 요구하며, 추론deductions보다는 서술narratives로 들어서는 일이다.Stengers 외, 2009: 3

스탕제에게 영감을 받아, 우리는 점토의 특질에 질문을 갖기 시작했다. 왜 비가 오는 아침에 진흙이 나무에 그렇게 잘 달라붙을까? 마른 솔잎은 왜 이렇게 쉽게 찰흙에 붙을까? 왜 점토는 태양 아래 부서지는 경향이 있을까? 왜 진흙을 따뜻한 손으로 만져야 더 유연해질까? 왜 추운 아침에 벙어리장갑을 낀 채로는 점토 작업을 할 수가 없을까? 왜 이 강은 푸르스름한 바위에 흔적을 남기는 점토 잔해를 운반하는 걸까?

더 깊이 들어가면서 우리는 다음과 같이 물었다. 이 점토 생태는 우리에게 무엇을 요구하는가? 그것은 우리가 기존의 관념에서 완전히 벗어나길, "우리가 할 수 있고 하게 될 도약의 가능성을 받아들이게 하는가? 혹은 필요라는 이름으로 고수하던 애착을 포기하여 초월하길 요청하는가?"Stengers, 2008b: 45

이 질문들은 우리가 애착 이론에 대해 가진 애착을 포기하도록 했다.

애착Attachments

숲 점토 생태에서 이끼는 삼나무에, 진흙은 이끼에 붙는다. 나무껍질은 '냄새 나는' 수액을 흘렸고 진흙은 그 수액을 밀착시키며 숨긴다. 솔잎은 땅에 떨어진 진흙 위로 뛰어오른다. 그들은 스스로 붙는다. 점토는 우리가 연결들을 볼 수 있게 해 준다. 솔잎, 막대기, 바위, 이끼, 흙, 나뭇잎, 잔가지, 손가락, 쓰레기가 점토에 달라붙는다. 점토는 사물들과, 그리고 우리와의 마찰로 거듭나면서 스스로를 변화시킨다. 점토는 절대 똑같이 머물러 있지 않는다. 물건들을 수집한다. 변신한다. 그것에 붙어 있는 것들이 변화시키고, 우리도 변화시킨다.

여기에서의 애착은 유아교육적 상식 차원에서 성인들이나 인간 이상의 대상에 대해 어린이가 갖는 발달적 애착과는 다르다.Ainsworth, 1969; Bowlby, 1969, 1973, 1980 참고 점토 생태계에서의 애착은 점토를 나무줄기에 눌러 붙이는 반복적인 일, 젖은 점토의 모양을 만드는 시, 어린이와 나무의 상호의존성, 점토와 나무껍질, 그리고 이끼의 얽힘, 강과 점토의 상호주의, 점토가 달라붙는 삼나무 위 영국 담쟁이의 기생성 등이다.

애착은 이러한 점토 생태계의 창조와 유지를 포함한다. 스탕제에 따르면, 이 애착은 자본주의에 맞서는 정치적 함의를 갖는다. 현대 자본의 방식은 애착에 역행하고, 무효화하고, 파괴한다. 예를 들어, 이제 땅에 대한 애착은 변화하여 생명 지속의 원천이 아니라 이용해야 할 자원으로 간주된다. 스탕제의 관점에서 우리는 메소를 통해 애착을 재구성할 수 있을지 모른다. "메소 방식의 성공은 … 그것에 애착을 가진 이들이 함께 사유할 수 있는 힘을 그 상황에 부여할 것이다. 투쟁을 극복하는 것이 아니라 그 조건들을 가로질러서 말이다."Stengers 외, 2009: 5 우리는 이러한 점토와의 만남에서 떨어지지 않은 채 자본주의의 조건에 물음을 던지길 원한다. 점토 생태계에서 어떤 애착의 실행이 나타날 수 있는가? 이러한 점토 생태계를 통해 어떤 애착 실행이 재협상될 수 있는가?

숲과 강에서 점토와 함께 작업하고 점토가 우리와 함께 작업하면서, 우리 자신들이 의문을 품게 된다. 점토 생태는 우리가 공진화coevolution, 기생성parasitism, 자가생성autopoiesis, 공생symbiosis, 상호의존성, 상리공생mutualism, 모방, 포식, 멸종, 회복, 신진대사, 그리고 우리를 점토와 다시 함께하게reattached 하는 다른 개념들에 대해 생각하고 느끼도록 요구한다. 어떻게 점토 작업을 생태적으로 생각할 수 있을까? 어떻게 생태적 사고가 유아교육에서 실행될 수 있을까? 어떻게 점토 생태계가 세계를 만들고, 느낌을 만들고 만들기를 바꾸는 데 연관되고, 얽히고, 연결될 수 있을까? 이것들은 결코 일반화되는 질문이 아니다. 애착은 스탕제의 주장대로, "일반적 조건에서 논의될 수 없는 사건이다. 애착은 모방하는 것이 아니고 선의로 대체할 수 있는 것도 아니다."Stengers 외, 2009: 5

키리는 강에서 진흙을 덩어리째 퍼내어 모양을 만든다. 그러고는 점토에, 물에, 쪼그리고 앉은 돌에 속해attaching 작은 손가락으로 아주 조심스럽게 그릇으로 만들어 돌리고 모양을 만들고, 물을 묻힌다. 마침내 키리의 그릇은 강물에 담겨 깨끗하고 차가운 물이 채워질 준비가 된다. 점토가 다시 강에 속하고 reattaching, 점토와 물과 손과 공기가 얽힌다.

중요한 것It Matters

도나 해러웨이Donna Haraway, 2015는 메릴린 스트라던Marilyn Strathern 과 다른 이들의 사유에 영감을 받아 1990년대 초반부터 우리에게 "이야기가 이야기하는 자체, 생각이 생각하는 자체, 세상이 세상을 형성하는 그 자체가 중요하다"[7주 단] 는 점을 상기시켜 왔다. '이this' 숲에서 특정한 점토 덩이를 가지고 작업하는 것은 중요하다. 이 점토 조각을 느끼고 부러진 나무에 밀어 넣는 것은 중요하다. 이것은 단지 임의의 강 근처에 있는 임의의 숲에 있는 임의의 점토 덩어리가 아니다. 진흙이 어디로 가는지, 이 특정한 진흙 덩어리가 이 특정한 나무에서 무엇을 제공하는지가 중요하다.

리아나는 손에 작은 점토 덩어리를 들고 숲속에 서 있다. 주위를 둘러보며, 그녀는 진흙을 받을 나무를 조심스럽게 고른다.

어느 나무에 진흙을 붙일지가 중요하다. 이 나무는 부러졌고, 죽었다. 그것은 그루터기이고, 둥치는 아주 오래전에 톱날로 깨끗이 잘렸다. 그루터기의 살은 단단하고 건조하며, 나무껍질은 여전히 두툼하게 고랑이 져 있다. 디아나는 있는 힘을 다해 점토를 누른다. 붙이는 데에는 노동이 필요하다. 더 많은 점토를 찾기 위해 오가면서 각각의 작은 조각들을 붙여 쌓아 가며 좋은 크기의 둔덕을 만든다. 그녀가 어떻게 점토를 움직이고 몸을 어떻게 움직이는지가 중요하다. 점토를 찾아다니며 때로는 뛰어다니는 대신 언덕 위와 아래로, 땅에 내려와 구른다. 재빨리 무릎을 집어넣고 천천히 하늘을 향해 발을 흔들면서, 나무에 점토를 붙이는attaching 이야기를 굴린다.

숲속의 점토와 강의 점토는 각각 다른 종류의 감정적, 지적, 물질적 기술을 요구하기 때문에 진지하게 살필 필요가 있다.[Haraway, 2015] 점토는 강에서 들려주는 이야기와 다른 이야기들을 숲에서 들려주는데, 이것은 아트리움에서 들려주는 이야기와도 다르다. 점토는 숲과 강과 아트리움에서의 이야기를 흔들어 놓는다. 나뭇가지 위의 점토는 나무 위의 점토 이야기를 재조명하고, 그 반대의 경우도 마찬가지다. 해러웨이의 용어로 말하자면, 점토 생태계는 "우리가 생각하고 행하는 바를 위해 여전히 표준적으로 붙잡고 있는 것을 진지하게 탈규범화하는 종류의 것"[7문단]이다. 또한, "또 다른 세계에 대한 사유와 더불어 고정된 사유의 세계를 벗어나는 일, 편협성을 벗어나는 일이 중요하다"[7문단]고 말한다.

강에서 아트리움에서 그랬던 것처럼 숲속에서도 아이들의 점토 붙이기attachments는 공들여 이루어진다. 어떤 것은 공이고, 또 어떤 것은 뱀이다. 어떤 것은 납작하고 덩어리진 팬케이크이다. 어떤 것은 고대의 살아 있는 삼나무에, 다른 것은 그루터기에 눌려 있다. 어떤 모양이 어떤 나무에 붙어 있는가가 중요하다.

양성하고 키워 가기Fostering and Nourishing

점토는 흙이고, 흙은 양성과 영양을 필요로 한다. 강에서 진흙을 추출할 때, 그것을 어린이들이 하도록 할 때 조심스럽게 해야 한다. 우리는 마리아Maria Puig de la Bellacasa[2015]의 점토를 다루는 방식을 따라서 빚어 본다. 이러한 돌봄의 방식은 점토가 아이들을 위한 만들기 상품 이상임을 알게 해 준다. 점토에 대한 태도는 아이들에 대한 잠재적 이득만을 생각하기보다 생태학의 "매우 본질적인 가능성을 포함하는"[p.701] 관계의 망을 유지하는 관점에서 사유하길 요구한다. 점토는 살아 있다. 왜냐하면 그것은 서로를 "돌보는 관계로 변화할 잠재성"[p.703]을 가지고 있기 때문이다. 진흙 토양은 다생물 종의 공동체이다.[p.701]

니타, 칼리, 그리고 다른 아이들은 진흙으로 마시멜로 모양을 만들어 막대기 끝에 찔러서 흙-막대기를 불에 굽는다. 칼리의 것은 도토리 마시멜로이다. 그녀는 마디가 많은 막대 끝에 진흙을 매만지고 두드려서 찔러 넣는다. 니타는 그녀의 마시멜로에 '불이 붙으면' 비명을 지른다. 입술 가까이 대고는 그것이 타 버리기 전에 얼른 불어 낸다.

아마도 니타와 칼리의 점토 마시멜로를 굽는 생생한 모험은 점토를 다르게 다루는 생각과 연결될 수 있을 것이다. 각각의 연결을 고려하여 마시멜로에 세심한 주의를 기울이게 된다. 막대기와 마시멜로, 마시멜로와 불, 불과 막대기. 스탕제에 따르면 이는 탈주선 line of flight^{Deleuze & Guattari, 1987}[32]을 직조해 내는 행위로서 "비난보다는 원칙을 넘어섬betray을 통해 영토성의 특별한 힘을 받아들이게 해 준다."^{Stengers, 2008b: 39} 넘어선다는 것은 "늘 만남과 연결의 문제이다."^{p. 39} 스탕제는 "영토에 속하면서도 동시에 그 영토가 자신을 지키려는 데 맞서 외부와 연결하는 요소"^{p. 42}를 밝혀낸다. 소비재로서의 점토를 넘어섬으로써 니타와 칼리는 "우리는 그런 범주에 속

---

32. [옮긴이 주] 들뢰즈와 가타리(Gilles Deleuze and Félix Guattari, 1987)의 개념으로서, 세계 내에서 당연하게 여겨지는 존재 방식의 규준과 제한에 저항하는 사유와 행동을 의미한다. 이 책의 저자들은 이 개념을 언제나 움직이고 지속적으로 새로운 방향을 찾아가는 유아교육학에 적용한다. 그들에 따르면, 이 혁신적인 가능성은 이전에 알려져 있던 것도 아니고 미리 정의된 결말도 아니며, '적합한 교육 실제'가 무엇인지 제한하고 경계 짓는 힘에 대한 저항을 의식적으로 지속하는 데 있다. 그리고 이 탈주선은 파편화된 생각, 행동, 존재의 순서와 범주에 의해 전형적으로 구분된 거리와 마디를 잇고 경계를 넘어서는 힘을 가진다(Pacini-Ketchabaw, V. et ar. 2015, Journey-Early Childhood Practices through Pedagogical Narration, Toronto: University of Toronto Press. p. 201 참조).

박되어 있지 않다는 것을 당당히 제시"[p. 51]하였다. 점토는 더 이상 점토가 아니다. 점토는 마시멜로다. 도토리-마시멜로다. 불이다. 점토를 점토라고 이름 붙이는 것은 점토에 대한 일반적인 이해로 돌아가게, 점토를 정말 다르게 볼 수 있음을 잊게 만드는 고착화로 돌아가게 만든다. 아마도 니타와 칼리의 점토 마시멜로를 넘어섬 betrayal으로 보는 것은 우리가 새로운 연결을 창조하는 데 도움이 될 것이다. 스탕제[2007]는 넘어섬의 공간에 관해 이렇게 말한다.

[넘어섬의 공간은] 연결에서 연결로, 점차적으로 이루어진다. 생산적인 연결의 기쁨은 숨겨지지 않을 것이고, 그래야 할 바대로 진행할 것이며 어떤 견본도, 대사상가도 필요 없을 것이다. 그것은 적에게 맞서느라 동원된 집단의 유대성을 필요로 하지 않고, 오히려 일종의 거친 다발, 곧 서로 상호 공명해 나가는resonating 특이한 길들을 따라 분기해 나간다. 이 각각의 생성은 점차 탈국지화된delocalize 타자성의 공현존co-presence으로 인해 저항력을 키워 나갈 것이다. 이는 전 지구적 시장에 법칙에 더한 자유의 법칙, 즉 누구나 원한다[고 느낀다]면 무엇이든 가질 수 있다는 법칙과 혼동되어서는 안 될 것이다.[39문단]

잔혹한 자본주의 시대에 [Stengers, 2015], 즐거운 연결, 보살핌, 그리고 다른 세상을 위한 연결 구축의 실천은 매우 중요하다. 보살핌은 대부분의 경우, 어린이들과 함께하는 일을 자본주의 조직에 적합한 정서적인 노동으로 삼음으로써 유아교육에 적합한 것이 되었다.Hodgins, 2014 하지만 대안이 있다면 어떤가? 니타와 칼리가 마시멜로를 구울 때의 돌봄 행위는 돌봄에 대한 혁명적 접근을 만들어 내는데, 그것은 이 아이들이 살아가며 세상과 맺어 가는 관계에 대한 도전에 적합한 것이다.Taylor & Pacini-Ketchabaw, 2015 이 행위는 우리 교육자들과 연구자들에게 세상에는 자본적 생산 방식 그 이상이 있다는 것을 말해 준다. 점토 마시멜로를 굽는 것은 새로운 주체성과 관계들, 그리고 사회적 구성체의 생산을 가능하게 한다.

접어 넣기Folding in

교육자인 타라는 숲 스튜디오에 있는 개울 옆 땅바닥에 앉아 작은 진흙 덩어리를 가지고 작업한다. 한 무리의 아이들이 모여 와서 진흙에 넣은 여러 사물들을 가져와 그녀 손 주위에 놓는다. 싱싱한 전나무 이파리, 약간의 이초, 바위, 투구, 더 많은 진흙. "이걸로 뭘 하면 좋을까?" 타라가 묻는다. "다 찧어요!" 타라는 아이들이 가져다준 것을 받기 위해 엄지로 진흙 한가운데 구멍을 뚫는다. 밀어 넣기는 예상하지 못한 조형물을 만든다. 아이들이 진흙에 넣었던 물건들을 담고 숨기는 그릇이다. 고개를 바짝 기울인 채 아이들과 타라는 그릇에 숨은 바위와 솔잎의 속삭임을 듣는다. 진흙이 많아지면 더 많은 사물들이 담겨 들어가고, 덩어리는 더 커진다. 타라는 이것을 강으로 가져가 물로 부드럽게 해서 우선은, 모든 것을 봉인한다.

접기folding를 "우리가 '가운데'를 통해, 환경milieu을 통해 생각하도록 하는 역사와 같은 것"Stengers 외, 2009: 3이라 했다. 그릇과 함께한 작업처럼, 경험, 감정, 기억, 그리고 역사가 계속해서 접혀 들어간다folded in. 아이들의 것들뿐 아니라 점토, 바위, 솔잎, 그리고 계곡의 흐르는 물의 것도 마찬가지다.

접기folding 개념은 우리의 양극화된 사고를 피하는 데 도움을 준다. 스탕제에 따르면Latour, 2005b: 227 재인용, 둘로 나뉘는 것이란 없으며 접힘이 존재할 뿐이다. 접기를 통해 발생하는 지속성이 언제나 있다. 점토는 솔잎을 접어 담는다. 우리는 마른 솔잎이 차가운 진흙에 붙은 기억을 접어 넣는다. 점토는 우리의 따뜻한 손을 접어 넣는다. 우리는 점토의 부드러운 감촉을 접어 넣는다. 그리고 계속된다. 브루노 라투르Latour, 2005b는 스탕제의 저술에 관한 글에서 접기에 대한 생각을 이렇게 말한다. 아이들이 그들의 실존을 지속해 나가고, 점토가 그 실존을, 그리고 우리가 자신들의 실존을 지속해 나가는 곳에서 본 바를 머금음으로써, 삶을 이어 감.

접기에 대한 생각을 말한다. 접기에 대한 생각은 아이들이 자신들의 존재로서, 점토가 자신들의 존재로서 살아 내고, 우리가 우리의 존재로서 살아 내는 데에서 목격하는 바를 깊이 품는 것이며, 삶의 지속이다. 접기는 "생각하고, 상상하고, 창조하도록 모아들이

는 힘을 발휘한다."^{Stengers 외, 2009, 7문단}

3개월 동안 타라와 아이들은 이야기와 소리와 생각들을 진흙에 접어 넣는다. 그들은 함께 궁금해한다. 점토가 무엇을 담을 수 있을까? 알고 보면, 점토는 많은 것을 가지고 있다. 잔가지, 눈물, 이끼, 소원, 멀리서 갈까마귀가 부르던 기억, 끽끽거리는 웃음소리, 바삭한 봄의 공기, 실망, 종이, 질문, 흥청거림, 꺼림, 따뜻함, 물, 씨앗.

실천의 생태학Ecologies of Practice

댄스 강사 안드라가 아이들과 함께 춤을 추러 아트리움에 왔다. 크고 작은 얼음 덩어리로 가득 찬 쿠키 종이와 찰흙 공들이 흩어진 큰 캔버스 시트가 바닥 전체에 펼쳐져 있다. 안드라와 아이들과 얼음과 점토가 함께 안무를 짜게 될 것이다. 우선 아이들과 안드라가 몸을 푼다. 마루에 앉아서 얼음과 점토와 함께 생각한다. 부드럽게 그리고 천천히, 빠르고 날카롭게. 스트레칭을 하고, 활보하고, 박수 치고, 뻗고, 구부린다. 그러고는 일어나 움직인다. 천천히, 빠르게, 꿈틀대며, 기지개를 켜고, 흔들고, 살며시, 부드럽게, 회전하고, 뛰어오르고, 균형을 잡고, 흐른다. 음악이 합류한다. 빠르고, 신나게, 드럼 박자로, 원을 그리며, 회전하고, 구른다.

모든 사람과 모든 것이 춤에 합류한다. 얼음이 찰흙으로 밀려 들어가고, 발은 찰흙을 매끄럽게 찧고, 몸은 뛰어오르고, 얼음이 녹고, 몸이 구르고, 점토는 땀 흘린다. 매끄럽고, 시원하고, 단단하고, 미끄러우며, 축축하다. 점토는 손과, 팔과, 손가락을 감싸고, 발가락 사이로 들어간다. 얼음이 떨어지고, 녹고, 웅덩이가 된다. 드럼의 울림, 리듬과, 몸이 움직인다. 천천히, 빠르게, 더 빠르게, 행진하고, 돌고, 넘어진다.

스탕제Stengers[2008a]는 에드워드 찰스 피커링Edward Charles Pickering에 관해 말하면서 실천의 생태계의 "행위주체agency의 춤"을 두고 이렇게 말한다. "실행자는 실험적으로 도구를 만들고 그 기능의 순서를 따라가기 위해 수동적인 역할을 취한다. 그러고 나서 다시 개발한다."[p. 97] 그녀는 "각 실천의 문제는 어떻게 하면 그 자체의 힘을 길러 내고, 실행자들이 생각하고 느끼고 움직이도록 할 수 있는 것을 현실화하는 것"[Stengers, 2005: 195]이라고 주장한다. 행위주체의 춤은 아이들, 점토, 얼음, 그리고 드럼에 의해 공연된다.

이 점토-어린이-얼음-드럼-춤의 생태계 각각의 성과는 항상 부분적인 관계이며, 아이들이 "자신들이 가진 책임감만큼 책임지고 경험하게 되는" 생태계에서 "단지 인간에 의해서가 아니라 상호 속한 존재로서의 인간에 따라 일어나는 변이mutation"[Stengers, 2005: 192]이다. 이것은 관계를 길러 내는 춤이다. 도전의 춤이다. 이 관계를 키워 나가기 위해, 아이들은 스탕제의 표현대로, "세상에 혼자가 아니다"라는 입장을 취해야 한다.[p. 192]

이 춤은 점토와의 관계를 발전시킨 지 수개월 후에야 나타났는데 그 전에 우리는 점토가 무엇을 가능하게 하는지를 이해해야 했다. 점토의 가능성을 느껴야 했다. 우리는 점토의 요구를 들어야 했고, 점토의 문제를 해결해야 했으며, 그에 맞서 작업해야 했다.

아이들이 춤을 추자 실내의 온기가 얼음을 녹인다. 매끄러운 방울들과 녹은 점토와 얼음의 웅덩이가 캔버스에 점을 만든다. 이 웅덩이들은 아이들이 스케이트를 타고 건널 수 있는 링크가 되어 주고, 그들의 움직임은 거의 통제되지 않는다. 아지지는 미끄러져 바닥에 넘어지고는 얼른 일어나 드럼의 박자에 맞춰 계속 춤을 춘다.

진흙과 아이의 반응은 절대 예측 불가능하다. 실천의 생태계는 언제나 발현되는emergent 것이기 때문이다. 움직임은 의도적으로 만들어지지 않는다. 나타난다. 점토는 아이들이 그것과 함께하는 움직임에 따라 반응한다. 하지만 때때로 그것은 한 가지 형태로 있기를 저항하고 거부한다. 그러나 이러한 저항을 예측하는 것은 불가능하다. 점토는 아이들의 움직임의 박자에 맞추어 스튜디오를 따라 흐른다. 이는 부드러운 유연성과 가소성을 통해 변혁을 요구한다. 점토는 스튜디오에 있는 것들의 속도를 늦추는 능력이 있다. 그것은 신발, 주머니, 캔버스, 마룻바닥, 손, 고양이, 공기와 상호작용하는 예상하지 못한 움직임을 따르도록 아이들을 초대한다. 춤-점토 생태계에서, 지속되는 창작은 그 자체의 삶을 갖고 있다.

6장

블록: 시간
Blocks: Time

쌓고, 달그락거리고, 툭 던지고, 넘어뜨리고, 두드리고, 보고, 모으고, 빠지고, 수집하고, 나누고, 평가하고, 숨기고, 감추고, 유심히 보고, 짓고, 요구하고, 밀고, 날고, 타고, 이동하고, 달리고, 좇고, 빌리고, 쓰고, 확 줄이고, 찾고, 막고, 강화하고, 가속하고, 다가서고, 원하고, 조립하고, 느슨하게 하고, 지키고, 닫고, 넓히고, 부수고, 만들고, 옆으로 빠지고, 관찰하고, 재고, 분해하고, 둘러싸고, 조절하고, 조작하고, 즉석에서 만들고, 재조직하고, 인지하고, 생각하고, 응시하고, 엿보고, 균형을 맞추고, 멈추고, 추구하고, 계획하고, 서고, 옆에 앉고, 뭔가 일으키고, 재구성하고, 풀고, 물러서고, 다시 시작한다. 나무 블록은 단단하다. 밀도가 높다. 형태가 있다. 갈아부수거나, 으스러뜨리거나, 구멍 낼 수 없다.

유아교육 센터가 새로운 나무 블록 세트를 구입했고 그 덕분에 우리는 블록의 시작 지점부터 새로운 시작을 해 볼 수 있었다. 아이들과 함께 애써서 포장 테이프를 뜯고, 상자 안에 들어 있는 구겨진 신문지 완충제들을 꺼내어 하나씩 하나씩, 부드럽고, 매끄럽고, 예쁘고, 잘 다듬어진 블록들을 조심스럽게 꺼냈다.

물론, 그 블록들은 우리에게 오기 오래전부터 시작되었다. 우리와 만나기 수십 년 혹은 심지어 수백 년 전 그들은 씨앗이었고, 특정한particular[33] 장소에서 특정한 나무로 자랐다. 한참 뒤 그들은 특정한 톱날에 의해 잘리고 트레일러트럭에 실려 제재소에 가고, 목수에게 가 가공되고, 다시 운반되어 조립라인에서 블록으로 가공되어 포장되고, 교육 지원 센터로 배송된 다음 배달 차에 실려 우리에게 왔다.

이 특정한 블록들의 역사와 지형도에 우리는 거의 사로잡혔다. 블록이 언제 만들어진 걸까? 언제 그리고 어디에서 블록이 상자에 포장된 걸까? 어떤 종류의 나무에서 블록이 만들어진 걸까? 나무들은 어느 숲에서 자랐던 걸까? 나무가 블록이 되는 데 얼마만큼의 시간이 걸렸을까? 나무가 잘린 뒤 블록이 우리에게 도달하기까지 얼마나 걸린 걸까? 우리의 반짝이는 새 블록들을 만들기 위해 얇게 잘린 나무들은 몇 살이었을까? 이 질문들과 더 많은 질문들이 이 블록들의 역사와 지형도를 추적하게 했고, 그 결과 우리는 예상치 못한 방식으로 블록에 주의를 기울이게 됐다.

---

33. [옮긴이 주] 여기에서 '특정한(particular)'은 대량생산되는 블록의 익명성에 반대되는 인식으로의 전환을 위한 의도로 반복적으로 사용되고 있다.

[사진 6.1.] 움직이는 블록과 다른 사물들의 상호작용에서 무엇에 주목할까?

시간은 빠르게 프로젝트의 주요 요소가 되었다. 시간은 층위가 있다. 무거운 블록들이 운반하는 체화된 기억들과 체계적으로 만들어진 길들이 물질과 현재와 미래의 역사와 함께 엮여 있다. 과거와 현재, 그리고 미래의 얽힘은 블록의 구조화된 성질이 되어 교실에서 블록 주위를 뛰어다니는 아이들과 함께 존재한다. 이 사이의 복잡한 시-공간을 우리는 어떻게 볼 수 있을까?

우리는 예상 가능하고 측정할 수 있으며 통제되는 운동이나 변화에 시간을 연결하는 경향이 있다. 유아교육 교실에서 시간은 직선적이고 광범위한 것으로 여겨진다.[34] 시간은 일정한 단위로 구성된다. 블록을 만나 그 흐름과 닫힘에 주목하고, 복합적인 국지성과 세계성의 연결을 쫓으면서 우리는 '계량된 시간clock time'[35]을 강조하는 자신들의 경향에 질문을 가졌다. 만약 시간이 고정된 움직임 이상으로 많은 것을 아우른다면? 만일 순간이 직선적이지도, 끝나지도 않고 우리 몸과 함께 흐르는 것이라면?

이 장에서 우리는 많은 이론가들과 예술가들을 만나 블록으로 복잡한 구조물을 만들듯이 시간의 인식론적, 존재론적, 정치적 위상을 묻는다.[36] 우리는 어떻게 시간이 삶을 틀 짓고 물질을 구축하는 데에서 중립적 매개가 아닌지를 그려 보고자 한다. 블록과 함

---

34. Kummen, 2010; Pacini-Ketchbaw, 2012, 2013; Rose & Whitty, 2010; Wien, 1996.

35. [옮긴이 주] 규칙적으로 분절된 단위로 나누어 인식하는 시간을 의미하며 시계를 통해 규준을 정하고 공유하므로 clock time이라 한다. 본문에서는 이를 문맥에 따라 '계량된 시간, 기계적인 시간, 시계상의 시간' 등으로 번역한다.

36. Barad, 2007; Bergson, 1991; Casarino, 2003; Colebrook, 2002; Coleman, 2008, 2009; Deleuze, 2006; Grosz, 1999a, 1999b, 2005a, 2005b; Ingold, 2011; Oates, n. d.; Wolseley, 2009/2010, 2016.

께 우리는 삶을 만들어 가는 데에서 능동적이고 역동적인 참여자로서의 시간을 사유한다. 예측 불가능하고 혁신적이며 놀라운 질료적 힘으로서의-시간이 이 장의 초점이다.

시간의 무게

우리는 블록 탐험을 위해 세 달을 확보하여 스튜디오 옆에 있는 (성인용의) 크고 텅 빈 교실로 옮겨 갔고 하루 일과 끝에 깨끗이 정리할 필요 없이 탐험을 할 수 있게 됐다. 교실의 커다랗고 밝은 창은 전나무와 향나무 숲 옆의 조용한 길을 내려다보고 있었다. 우리는 넓게 펼칠 수 있는 공간을 마련하기 위해, 블록들이 많은 것이 될 수 있고 아이들이 원하는 어떤 방식으로든 블록을 사용할 수 있는 가능성의 공간을 만들기 위해 교실 책상을 치우고 의자들을 교실 끝에 쌓았다. 우리는 센터에서 늘 마주하게 되는 일상적 제한들 없이 열려 있고 다양화된 탐험을 희망했다.

교사를 포함해 어느 누구도 어떻게 블록을 사용할 수 있을지 혹은 사용해야 할지에 대해 아무 말도 하지 않았지만 블록-쌓기 '규칙'이 존재한다는 사실이 금세 분명해졌다. 규칙은 상호작용에서 나왔다. 블록들은 세우고 만들기 위한 것이다. 당신이 무언가를 세우고 나면 누구도 그것을 분해할 수 없다. 뭔가 만들어지면 그것은 거기에 그대로 있고 만든 사람만이-혹은 만든 이가 선택한 누군가만이-어떻게 블록을 재배열할지를 결정

> 할 수 있다. 우리는 고정적이고 안정적인 블록들이 등장하는 방
> 식을 바로 알아차리게 된다.

블록과 함께 우리는 교실에서 역사의 무게를 느꼈다. 성장이 나무에 나이테를 새기듯이 나무 블록은 지난 시간의 흔적을 지니고 있었고, 우리의 실험은 이를 더듬어 갔다.

유아교육사가인 래리 프로슈너Larry Prochner, 2011는 북미에서 블록의 역사를 추적한다. 그는 블록의 등장을 프뢰벨의 유명한 가베 gifts[37]에 연결시킬 뿐 아니라 1870년대부터 블록을 생산해 오늘날의 블록 만들기 방식에 이르게 한 독일의 제작자 밀턴 브래들리 Milton Bradley의 중요성에 주목한다. 브래들리는 수많은 종류의 블록(가베, 정교하게 자른 블록, 저렴하고 불완전하게 재단된 블록, 벽돌과 비슷하고 상자에 담기지 않았으며 일반적 품질의 블록)을 생산하여 모든 유아교육 교실에 흔적을 남겼다. 프로슈너는 "블록의 모양이 커진다든가 하는 형태 변화는 있었지만 교육학이 그 지속성을 보장해 주었다"[p. 375]고 한다.

프로슈너2011는 다음과 같이 기록한다.

프뢰벨에게서 유래한 양식에 따라 블록은 보관과 게시

---

37. [옮긴이 주] 1837년 프뢰벨이 고안한 원목 놀잇감. 독일어 본래 명칭은 'spielgabe'에서 유래된 '가베(gabe, gifts)'이며 거의 유사하게 제작·판매되는 교구를 가리키는 '은물(銀物)'은 동일한 의미를 가진 일본어 명칭.

[사진 6.2.] 브래들리의 유치원 알파벳 만들기 블록

를 위한 "단정하고, 단단하며, 잘 닦인 체리 상자"에 담겨 팔렸다. 가베 1을 구성하는 여섯 개의 편직 공들까지도 나무 상자에 들어 있었다. 개별 블록들은 뒤틀림 방지를 위해 단풍나무로 만들어졌고 채색이나 장식은 되지 않았다. 블록들은 복잡한 구조물을 아이들이 만들 수 있게 하기 위해 정확히 재단될 필요가 있었다. 업체는 제품의 고품질 구조를 부각시켰다. 경쟁 업체들의 제품들 중 여기에 필적할 만한 것은 없었다. 1880년대의 카탈로그에는 무명의 "앞서가는 유아교육자"가 그 도구를 두고 "인간의 눈과 손가락을 고려하는 한 대단히 완벽하다"고 언급한 인용이 나온다. 그럼에도 불구하고 업체는 "더 저렴한 것을 원하는 이들에게" 상표나 보증서가 붙지 않은 불완전 제품을 팔았다.p. 361

블록은 항상 엄청난 기대를 받아 왔다. 블록이 등장했을 당시 "아이들 학습 결과의 질이 향상되고 학습의 효과가 느는"Prochner, 2011: 363 방법으로 광고되었다. 오늘날 교육자들은 블록 놀이에서 아이들의 창의력과 상상력의 발달을 기대한다.Honegger, n. d. 블록은 '규칙'에 의해 지배되고 사용 지시 사항이 중요성을 갖는다. 블록 쌓기 단계가 있고, 교육자가 블록 놀이의 비계를 결정해 줄 방법에 대한 가이드라인이 있으며, 블록 놀이 영역에 추가할 만한 소재들에 대한 제안, 놀이 시간 동안 소개되고 강화될 필요가 있는 어휘의 예들이 있는 것이다.

스튜디오에서 우리 몸은 종이, 찰흙, 물감, 목탄과의 강한 내부-작용에서 거리를 유지하려 하지만, 시간의 힘은 우리의 몸을 따라 계속 움직인다. 블록에 대해 갖는 기대의 중요성을 의식함에 따라 우리는 블록의 일부를 잘게 자르고, 톱질하고, 톱밥으로 만들어 보고 싶지만 블록의 높은 가격, 제재와 측정의 완벽성, 그리고 아이들을 위해 블록이 하리라 기대되는 바가 우리를 더 진행하지 않도록 멈추게 한다. 우리는 블록에 관해 다르게 생각하길 원하지만 모든 것은 '블록은 블록이고, 블록이며, 블록일 뿐'이라는 사실을 확인해 주는 것 같다. 우리는 나무 대패나 절단기를 가져와 벽돌 모양을 새롭게 상상해 보는 것을 떠올린다. 못과 망치를 생각해 보지만, 만약 다른 교육자들이 아름답고 비싼 새 블록들이 잘게 잘리거나 함께 못질 되어 있는 것을 본다면 어떻게 생각하거나 말할지 의문스럽다. 우리는 자신들이 이러지도 저러지도 못하고 있다는 것을 발견한다.

날지 못하는 데다 모양도 못 바꾸는 블록을 가지고 우리는 무엇을 할 수 있을까? 우리 교사들에게도 실험이 필요하다는 것을 느꼈다. 우리는 역사의 무게와 블록-쌓기 규칙에 예속되고 있다는데에 곤두서 있었다. 블록 사건events에서 최소한 더 많은 물질들이 탐구 속에 들어올 때까지 우리는 지속적으로 자극하고, 공간을 열고, 계속해서 움직이도록 애썼다. 그러나 블록들이 우리를 멈추게 했다.

우리는 자신의 행위에 대해 질문하기 시작했다. 사물을 대할 때 마치 그것이 항상 새로운 것처럼 다가가는가? 어제의 놀이에 대한 상기를 지워 버리고, 구조를 무너뜨리고, 장벽을 치우고, '새로운' 실험을 창조하는가? 물질들이 기억을 갖고 있는가? 만약 그렇다면, 어떻게? 블록은 유래된 역사와 의미, 그리고 '적절한' 행위의 흔적을 지니고 있는 것 같다. 이 시간의 가치는 새로운 기억을 초대할 수 있을까? 우리는 어떻게 이런 강도intensity[38]의 순간들이 만들어 내는 리듬과 함께 살아갈 수 있을까? 우리는 시간을 어떻게 다룰 수 있을까?

시간을 다루기

호주의 예술가 존 월슬리John Wolseley, 2016는 자신의 작품에서 시간에 대한 개념을 다룬다. 그는 한 공간을 그리면서 세 가지 상이한 기간의 역사와 이야기를 담는데, 깊이의 시간(연대기)deep time, 표피적 시간shallow time, 그리고 현재 시간now time이 그것들이다. 깊이의 시간은 지구의 시간, 지질학적 시간이다. 이 시간은 연대표에 관한 것이다. 표피적 시간은 유럽의 식민 지배 과정이 지속되는 동안 만들어진 시간이다. 아마도 우리는 계량된 시간clock time과

---

38. [옮긴이 주] 들뢰즈(Gilles Deleuze)가 사용한 개념으로서 잠재적 차원에서 특이성(특정 개체가 현실화되기 이전에 잠재적 차원에서 그와 가까운 지점에서 요동하고 있는 상태)들이 진동하다가 굳어질 때 작동하는 힘을 의미한다(질 들뢰즈, 2004, 『차이와 반복』, 김상환 옮김, 서울: 민음사, 5장 참조).

표피적 시간을 연결 지을 수 있을 것이다. 현재 시간은 월슬리가 자신의 그림을 그리는 시간이다. 그는 습지의 자연사 작품에서 시간을 다루는 작업에 대해 열정적으로 이야기한다.[2009/2010]

저는 어떤 늪이나 습지가 품고 있는 생각을 좋아합니다. 세계의 역사입니다. 이 습지들을 그릴 때 이 역사에 대한 감각이 제 마음의 이면에 어렴풋이 나타납니다. 보스토크 빙하 코어Vostok Core[39]에 너무나 아름답게 드러난 오랜 시간의 역사입니다. 몇 킬로미터 깊이의 이 빙하 코어는 40만 년 넘는 지구의 기후 조건 변화의 수직적 기록입니다. 여기서 우리는 덥고 추웠던 시기, 빙하기와 간빙기를 '읽어 낼' 수 있습니다. 우리는 또한 세상의 대부분이 축축하고 늪지대였던 석탄기와 페름기 같은 거대 늪지 시대의 간기가 반복되는 것을 볼 수 있습니다. 건조한/젖은, 사막의/습한 시간 연대의 순환이 심장 박동과 같은 리듬으로 존재합니다. 우리는 어떻게 이 조건들이 영원한 회귀의 순환 속에서 스스로 반복하는가에 대해 알아 갑니다.『운동』 4: 습지 2번째 문단

---

39. [옮긴이 주] 러시아 보스토크(Vostok) 기지에서 1998년 시추한 세계 최장 길이(3,623미터)의 남극대륙 빙하 코어. 빙하는 지구 환경 변화의 기록을 간직하고 있다. 즉, 빙하의 얼음 분석을 통해 기온 변화를 지시하는 기록뿐 아니라 수십만 년 전의 온실기체 농도를 복원할 수 있어 현대의 기후 변화 연구에서 중요성이 있다. 특히 보스토크 빙하 코어 연구를 통해 42만 년의 고기후 기록이 복원되었다.

우리는 블록과 함께 놀이를 계속하면서 시간을 다루기 시작한다. 블록 중 일부의 모양을 부드럽게 하기 위해 커버를 뜨개질해 보지만 그다지 변화를 가져오지는 못한다. 우리는 선반의 빨간색과 파란색 판지로 만든 블록을 발견한다. 크기로는 가장 큰 나무 블록과 같지만 무게는 훨씬 가볍다. 신문지를 얇게 잘라 만든 종이죽papier-mâché으로 그 표면을 감싸자 아이들이 퍼즐 삼아 가지고 논다. 여기저기 옮겨 다니고, 뒤집고 또 뒤고, 던지고 하면서 모서리가 조금씩 닳는다. '이게 뭐지? 열 수 있나? 껍질을 벗겨도 될까? 선물인가? 이걸로 뭘 할 수 있지?' 종이죽으로 만든 블록은 종이로서의 탐구와 블록으로서의 사건을 오가고 때로는 왕복하기도 한다. 정확하게 재단된 기하학적 나무 블록이 정적이고 느린 경향을 띠며 특정한 역사와 행위의 규칙들에 의해 무게 지워진 데 반해, 종이죽 블록은 막대기와 나뭇조각과 함께 자유롭고, 종종 거침없이 아이들과 함께 뛰어 다니고, 변신하고, 여러 용도로 쓰이기도 하고, 아이들에 의해 공간을 가로질러 교환되기도 한다. 이에 대비해서 나무 블록은 한 번 아이들이 쌓는 데에 사용하면 마치 멈춘 시간처럼 그 자리에 머물러 있는 경향이 있었다.

유아교육의 실제에서 블록 놀이는 서구 사유의 특징인 시간에 관한 지배적 관념, 즉 개별 단위로 쪼개져 '공간화된' 것으로서의 시간에 기초한다.Casarino, 2003 콜브룩Colebrook, 2002은 다음과 같이 설명한다.

우리는 시간을 이미 주어진 총체 속에 담긴 균일한 혹은 등가적인 단위의 연속체로 생각하는 경향이 있다. 즉, 시간이 이미 존재하는 세상을 생각하거나, 세상이 시간을 거쳐 간다고 생각한다. 우리는 생성 이전에 존재를 가정한다. 우리는 시간을 '지금'의 계열로 상상한다.[p. 41]

블록이 역사를 가지는 것처럼 시계상의 시간clock time도 그렇다. 여기에서 우리는 푸코[Michel Foucault, 1977]가 19세기 교실에서 시계clocks의 현존을 어떻게 묘사하는가를 볼 수 있다.

마지막 시계 소리에 한 학생이 종을 울릴 것이고 그 첫 번째 종소리에 모든 학생들이 무릎을 꿇고 팔을 꼬고 눈을 내리깔 것이다. 기도문이 낭독될 때 교사는 학생들이 일어나야 할 때를 표시하는 신호를 칠 것이고 두 번째 신호에 그리스도에게 경배하고 세 번째에 앉아야 할 것이다.[p. 150]

유럽 최초의 시계는 수도원에서 규칙적 기도를 알리는 수도승을 대신했다.[Boorstin, 1983] 이후에 시계는 "즉각적으로 실용적인 도구일 뿐 아니라 미래에 대한 투자"[Sawhney, 2004: 372]로 간주되었다. 시계는 등장 이후, 교체 가능한 부품들, 톱니와 휠 절단기, 대량생산된 새로운 부품들의 집합적 산업에 합류했다.[Sawhney, 2004] 시계는 작은 지역과 넓은 지방의 상업을 동시적으로 가능하게 했다.[Sawhney, 2004]

그리고 전신telegraph과 상호작용하여 1800년대 후반 표준 시간을 등장시킨다. 케리Carey, 1989는 이 중대 사건을 다음과 같이 묘사한다. "동부 표준 시간 지역에서 정각이 되자 시카고에서 시계는 정오에 멈추고, 태양이 90번째 자오선의 중심에 이를 때까지 9분 32초가 걸렸다."p. 226 또한 시계는 행위의 도덕적 규준을 위한 기준을 제시했다. 예를 들어, 러바인은 1891년에 일렉트릭 시그널 시계 회사가 간행한 카탈로그를 다음과 같이 인용한다. "만일 인생에서 성공하고자 하는 이가 다른 무엇보다 계발해야 할 것이 있다면 그것은 바로 시간을 엄수하는 일이다. 꼭 피해야 할 잘못이 있다면 그것은 바로 시간에 뒤처지는 일이다."Levine, 1998, 67

시계는 유아교육의 실행에 중요한 역할을 한다. 쿰멘Kummen, 2010, 로즈와 위티Rose & Whitty, 2010, 빈Wien, 1996 그리고 빈과 커비-스미스Wien & Kirby-Smith, 1998는 시간의 독재적 성격을 분석하였다. 시계는 교육자의 실행과 아이들의 일과를 규제한다. 시간은 일상적 행위를 지배한다. 시계는 교실을 광적인 상태로 만든다. 아이들은 시계가 가리키는 효율에 따라 이동하고, 교육자들은 시간을 맞추기 위해 뛰어다닌다. 시계와 함께 구조는 견고해진다. 우리는 궁금해졌다. 시계의 역할이 무엇인가? 시계에 따른 행위들을 작동하고 만들어 내는 과정에서 인간이 하는 역할이 무엇인가? 유아교육의 실행을 창조하고 사람-시계 간 경계와 관계를 변경하는 데 시계가 어떤 역할을 하는가? 어떤 종류의 시간성이 서로 다른 시간적 행위를 낳는가? 배치assemblage에서 어떤 종류의 변화가 시계와 시간적 행위를 독려하는가? 유아교육의 특정한 실천이 어떻게 다양한 시계와 시간적 행위에 의해 매개되는가? 서로 다른 공간의 서로 다른 시계들은 서로 다른 작동을 하고 서로 다른 신체/신체적 움직임과 관계를 생성해 내는가?

매우 중요했던 포장 벗기기와 첫 번째 쌓기 후 아이들은 모든 블록을 다 사용했다고 말하기 시작한다. 두 번째 오전 시간이 끝날 무렵이 되자 모든 블록이 서로 다른 쌓기와 배열에 사용되었고, 아이들은 교실에서 블록을 더 찾으려고 돌아다니며 쌓기를 이어 갔다. 우리는 이 '모두 다 써 버림using up'과 블록의 정적인 특성을 과장해서 이 문제를 놀이로 가져와 보기로 한다. 다음 활동 전에 우리는 모든 블록을 모아 교실 한가운데 하나의 큰 구조물을 만드는데, 닫힌 구조 안에 작은 인형, 막대기, 하트 모양, 공작용 점토 등의 재미난 물체들을 넣어 아이들이 이것들을 꺼내고 싶으면 블록의 일부를 치워야 한다.

교실에 들어온 아이들은 이 구조물을 가리키며 반가워한다. 질문하고, 구조물을 향해 걸어오고, 탐색하고, 달리기 게임을 하며 주위를 빙빙 돌기도 한다. 처음에는 아무도 이것을 건드리지 않지만 곧 잃어버린 하트 모양과 점토를 조심스럽게 꺼내서 수집한다. 작은 블록들을 치워서 가지고 있다가 다른 것으로 교체한다. 다른 블록들과 연결되지 않아 보이는 휘어진 나무 블록같이 전형적이지 않은 조각들 몇 개가 치워진다. 가운데 끼어 있던 긴 종이 튜브와 막대기들도 빠져나와 하키 스틱과 칼로 변신한다.

몇몇 아이들이 이 한가운데의 구조물을 가지고 무엇을 할까

고심하는 동안 대부분의 아이들은 교실 가장자리에 남아 다른 것들을 탐색한다. 종이 재활용함을 열기도 하고, 놀이에 쓰려고 앉은뱅이 의자와 큰 의자들을 끌어 옮기고, 바구니, 상자, 종이 죽으로 만든 공, 자투리 실 등을 가져온다. 오케스트라의 행렬이 시작된다. 아이들은 교실을 행진하면서 종이 튜브를 바닥에 두드리는 박자에 따라 탑 주위를 돈다. 오티스는 자기 튜브를 가지고 조심스럽게 탑을 건드려 봤다가 교실 끄트머리의 하키 놀이 그룹에 가서 합류한다. 탑은 중심이 되는 역할로 존재하면서 아침 내내 모양만 수정될 뿐이었다. 블록은 지속된다.

체험으로서의 시간

블록이 가진 특정한 시간적 안정성과 움직임의 구조성은 우리 모두에게 즉시 분명해졌다. 행하기doing와 다시 되돌리기undoing의 리듬-블록을 원상 복귀시키는 일만이 아니라 예상에 부여하는 무게를 떨쳐 내는 것-이 다른 물질들과의 놀이에는 나타나지만 블록 놀이에는 빠져 있다는 것을 알아차렸다. 다른 물질과의 놀이는 항상 그것들을 움직이게 하는 방법의 발견을 포함하고 있었다. 우리는 기다려 보기로 했다. 그리고 충분히 오래 기다린 (즉, 기계적 시간에 맞서 삶의 흐름을 따른) 덕에 삶 자체가 가진 불예측성과 함께 작업할 수 있었다. 블록의 구조화된 시간을 무너뜨린 일은 우연히 일어났다.

오티스는 긴 종이 튜브를 들고 방을 일주한다. 서로 다른 설정과 구조를 두고 모여 놀고 있는 두 그룹 사이를 오간다. 한 그룹을 지나가며 걷다가, 들고 있던 튜브로 가볍게 블록 구조물을 건드린다. 딱 한 번 치더니 그다음 구조물로 옮겨 간다. 탁, 탁, 탁, 탁. 이 중요하고 가벼운 건드림은 별 영향을 미치지 못한다. 그러나 오티스가 신속하고 매우 정확한 스윙으로 높은 부분을 치고, 중앙의 탑은 무너져 버린다. 다른 아이들이 돌아보고 처음에는 놀라더니 금세 기뻐하며 뛰어들어 블록들을 줍기 시작했다. 오티스는 다음 구조물로 이동하는데, 그 발걸음이 섬세하고 의도적이다. 주의 깊게 보기 위해 시간을 두더니, 이 블록들도 한 번에 쳐서 무너뜨린다. 이 되돌아온undone 블록 더미를 한동안 서서 보더니, 다른 구조물로 이동해 간다.

오티스의 이 기존 관념을 거스르는 행위는 마법과 같은 역할을 한다. 블록들은 더 이상 '다 써 버려 없어지지used up' 않는다. 우리는 그를 마법 지팡이를 든 마법사라고 상상한다. 지팡이로 한 번 치자 저주가 풀린다. 블록은 자유를 얻었고 이제 다른 쓰임이 가능해진다.

이 사건들이 전개되는 것을 보면서 우리는 만든 구조를 무효화하는 행위undoing of structure에 대해, 즉 어떻게 사건들이 (의도했든 아니든 간에) 사물들을 지속적으로 움직이게 하는 데에 핵심적인 역할을 하는지에 대해 궁금해졌다. 물리학자인 캐런 바라드Karen Barad, 2007는 "시간이라 불리는 외적인 변수"도 "공간이라 불리는 그릇"도 존재하지 않는다고 말한다.[179] 엘리자베스 그로스Elizabeth

Grosz, 1999a, 1999b, 2005a, 2005b도 비슷한 논지를 제기하는데, 들뢰즈와 베르그송의 논의를 좇아 시간의 인식론적, 존재론적, 정치적 지위에 질문을 던진다. 그녀의 말에 따르면 시간은 삶이 규정되거나 사건이 구조화되는 중립적 매개가 아니다. 오히려, 시간은 삶을 실질적으로 만들어 가는 데에서 능동적이고 활력 있는 구성 요소이다. 그로스1999a는 특별히 "시간의 미래"p. 3가 열리는 데에 관심을 갖는다. 바라드2007에게도 시간(좀 더 정확하게는 시간성)은 "현상이 구체화되고 물질-담론의 경계와 구성 요소의 배재를 (다시)만드는 데 있어서 생산되고 거듭해서 재형상화되는" 것이다.p. 179 공간, 시간, 그리고 물질은,

세계의 부단한 차이 생성의 발화differential articulation 속의 내부-작용으로intra-actively[40] 생산된다. 시간은 모든 개체에게 적용되는 균일한 간격의 연속 같은 것이 아니며, 공간은 개체보다 먼저 존재하여 거기에 거주하도록 하는 그릇의 모음 같은 것이 아니다.Barad, 2007: 234

---

40. [옮긴이 주] 내부 작용(intra-action)은 캐런 바라드(Karen Barad)가 제시한 개념으로 일반적인 상호작용(interaction) 개념과 대비된다. 서로 다른 개체가 만나면 일어나는 단순한 상호작용과 달리 각각 행위주체(agent)로서의 주체성(agency)을 가지고 감응(affect)되어 서로를 향해 열리는 것을 의미하는 개념으로, 특히 이 책에서는 유아교육에서 물질의 새로운 역할을 유아교육의 사회적/문화적/담론적 측면에서의 복잡한 관계 안에서 이해할 수 있도록 돕는다. 물질을 수동적인 대상이 아니라 능동적이고 참여적인 주체로 생각할 때, 교육자들과 유아들이 갖는 물질과의 관계와 만남에 대한 숙고를 보다 역동적인 교육학(pedagogy)이 가능한 방식 안에서 숙고할 수 있기 때문이다(Pacini-Ketchabaw, V. et al., 2015, Journey-Reconceptualizing Early Childhood Practices through Pedagogical Narration, Toronto: University of Toronto Press. p. 201 참조).

집약적인 흐름intensive flow으로서의 시간에 관해 사유한다는 것의 의미는 무엇일까? 그로스[1999b]가 썼듯이, 우리는 어떻게 하면 "사건과 과정의 지속의 고유성"[p. 18]을 알아차릴 것인가? 우리는 무엇이 지속되고 순간이 어떻게 우리와 함께 머무는가에 어떻게 주목할 수 있을까? 그리고 보다 중요하게는, 이 지속의 경험과 강도가 가져다주는 가능성과 함께 작업해 볼 수 있을 것인가?

강도로서의 시간

우리는 블록의 안정성을 꾸준히 무너뜨려 왔다. 만일 우리가 그것을 밖으로 꺼내서 더 유기적이고 자유로운 흐름을 가진 형태와 연결하면 어떨까? 브라이언 마수미Brian Massumi, 2002는 강도intensity가 "비선형적 과정들과 관련" 있다고 볼 수 있다고 설명한다. 즉 "현재 이야기의 선형적 진행을 잠깐 연장해 과거에서 미래까지 잇는 데서 일어나는 공명resonance과 되돌아오는 이야기feedback "[26]와 같다고 설명한다. 강도는 긴장과 붕괴를 포함한다. 마수미는 "그것은 마치 일시적인 구멍sink과도 같다", "시간 속 하나의 구멍hole은 … 움직임과 공명으로 채워져 있기에 딱히 수동성이라 할 수는 없다. 그러나 아직 능동성도 아니다"[p. 26]라고 말한다.

우리의 블록 사건에서 블록을 위한 유아교육용 물체들은 사라졌다. 블록은 더 이상 블록이 아니었다. 그것은 예상/역사/기계적 시간의 무게에 저항하고 살아 있도록 돕는 다른 물질들을 원하고, 아마도 심지어는 '필요로 했다'.

> 우리는 바깥 계단과 스튜디오 문으로 이어지는 복도를 따라 블록을 조그맣게 배열한다. 블록들은 아이들을 안으로 초대하듯이 열린 문을 향한 복도를 따라가고 있다. 우리는 정원에서 돌들을 주워다가 블록 기둥에 더해서 원과 초승달 모양을 만들고는 그 사이에 잎과 꽃들을 끼워 넣는다.
>
> 사리타가 소리친다. "봐, 쟤네가 줄을 서 있어. 우리가 하는 것처럼!" (바로 유아교육의 규율의 반복이다. 우리는 여기에서 결코 벗어날 수 없는 것이 아닐까.) 다른 아이들은 계단에 돌들이 더 있는 것을 보고 모으려 한다. 아이들은 그 줄에 더할 만한 "가장 아름다운 것"을 찾는다.
>
> 블록은 야외에서 편안해 보인다. 그 기하학적 모양이 건물의 외관을 반영하는 데 반해, 시멘트 계단은 돌과 잎과 꽃이 되어 밖으로 불려 나온 듯하다. "이리 와서 놀자!" 아이들은 교실의 블록과 합하기 위해 주머니를 가득 채우고 양손 가득 돌을 옮긴다.

블록은 다른 물질들을 필요로 하고 끌어들이는 것 같다. 몇 주가 넘도록 그것은 교실 안으로 들어오고 머무는 데에서 우리가 새로운 것을 발견할 수 있도록 매혹했다. 우리는 블록 상자들로 시작했는데, 판지로 만든 상자, 포장 종이, 나무 블록이었다. 머지않아 블록의 경직성을 마주한 우리는 뜨개질하고 펠트로 만든 부드러운 나무 심장을 그 안에 가지고 들어왔다. 우리는 바닷물에 부드럽게 닳고 무늬가 있는 나무 막대, 회색 플라스틱 공, 크기가 다르고 부서진 정도가 다른 종이 튜브들을 가지고 왔다. 점차적으로 블록-사건의 수집은 확장되었다. 종이죽 블록, 돌들, 몇 송이의 꽃들, 노랗고 파란색의 쌍안경, 작고 노란 플라스틱 양동이, 여러 개의 바구니, 작은 플라스틱 통 하나, 종이 재활용 상자에서 가져왔거나 스튜디오의 종이 모음에서 빌려 온 기름종이 묶음, 작고 하얀 사각형 종이들, 다른 작은 블록들, 스튜디오와 유아 센터에서 아이들이 가져온 잘린 나뭇가지들, 클립보드, 연필, 유아용과 성인용 의자, 여러 개의 작은 종이죽 그릇, 버스 티켓, 코코넛 껍질, 두 개의 미니 폴라로이드 사진, 종이 왕관, 그리고 검은색 마녀 모자에 이르기까지.

이 물질들의 얽힘 속에서 설명할 수 없는 강도intensity가 일어난다. 이 강도는 우리가 유아교육의 시간성과 다른 방식으로 관계 맺도록 한다. 이 강도의 가능성과 함께 작업함에 따라 지속 duration[41]이 나타났다.

지속의 개념은 체험에서의 시간을 특별히 이해하도록 돕는

---

41. [옮긴이 주] 베르그송(Henri Bergson)은 인간의 생명을 양적으로 나타내거나 단위화, 공간화할 수 없다고 보았고 생명의 본질은 시작도 끝도 없는 순수한 지속(duration)이라 주장했다. 삶의 본질은 요소들로 분해하고 단절할 수 없으므로 계량하고 정량화할 수 없다는 것이다. 그에 따르면 시간 역시 인간이 편의를 위해 시계상의 계량화된 수치로 공간화하고 단절시킨 것일 뿐 지속되는 것이다. 예로, 시계상의 시간으로는 같은 10분이라도 각자의 체험에 따라 질적으로 다르게 느껴지며 그 차이는 계량화할 수 없다. 이 질적인 차이를 가능하게 하는 직관적인 시간을 '순수지속(pure duration)'이라 하였으며 운동하는 생명체의 근원을 이룬다고 보았다(송영진, 2005, 『베르그송의 인식론 연구-직관과 사유』, 서울: 서광사 참조).

다.[Bergson, 1991] 시간은 아마도 신체의 움직임을 조직하는 외적 상태일 것이다. 그리고 어쩌면 하나씩 이어지는 별개의 부분이 아니라 내적이고, 통일되어 있으며, 다양한 차이의 흐름이다. 역동[dynamic][42]이다.

시간은 어떻게 몸에서 지속되는가? 서로 다른 몸은 그것을 어떻게 차이 나게 경험하는가? 우리가 시간을 생성과 지속으로 볼 때에 그것은 몸 바깥의, 혹은 몸과 상관없이 조직화된 구조로 존재하지 않음을 알게 된다. 지속으로서의 시간은 신체가 시간을 경험하는 데에서 구체성을 갖는다. 콜먼[Coleman, 2008]은 다음과 같이 말한다.

> 지속한다는 것은 … 어떤 것이 변모되고 생성되는 방식으로서, "과거"에서의 이동이다. 또한 차이, 새로움, 강렬함, 시간성으로서 재-경험되고 배치되는 것이다. 지속한다는 것은 … 몸이 비선형적 지속으로서 살(아 내)고 '있음[is]'을 뜻한다.[p. 93, 강조는 원저자]

> 과거란 … 강도를 통해, 과거의 지속과 현재와 미래의 연결을 통해 다시 경험되어야 하는 것이다. … 강도의 경험 순간은 독립되어 있거나 (외적으로) 한계 지어진 단위가 아니

---

42. 여기에서의 역동성(dynamic)은 단순히 활동성을 의미하는 것이 아니라 부분들 서로 간에 작용하는 관계성을 전제한 역학적 의미를 내포한다.

다. 오히려 과거 순간을 기억하고 다시 경험하는 뛰어오름 혹은 도약이란 이 지속들이 동시에 배치되는 곳에서 서로 다른 지속들 사이의 연결이다.p. 94

블록은 각각의 순간에 일어나는 모든 것에 참여하도록 우리를 독려한다.

두 소년이 버스 모양으로 배열된 의자에 앉아 있다. 세 개의 의자가 한 줄로 놓여 있다. 운전사는 의자에 편하게 기대앉아서 마치 운전을 하고 있는 것처럼 손을 뻗고 있는데 한 손에는 작은 폴라로이드 사진이 들려 있다. 승객은 운전사 위 빈 의자에 양팔 한가득 긴 종이 튜브들을 들고 앉아 있다. 함께 이야기 나누며 딱히 어디로 향해 가지 않는 듯한 분위기가 편안해 보인다. 아이들이 자신들의 둘레를 온통 둘러싼 블록 빌딩을 보더니 갑자기 멈춰서 작은 의자를 큰 것으로 바꾸고는 천천히 의자를 더 가져다가 버스 공간을 넓혀 간다. 또 다른 아이가 목에 노란 쌍안경을 두르고 합류하더니 이 분위기에 참여하며 종이 튜브 더미를 더 가져다 놓는다. 당신은 이 아이가 버스 게임 바깥에 서서 이따금씩 상황을 관찰하다가 들어와 참여하는 과정에서 잠깐 머뭇거리는 것을 볼 수 있다. 마치 줄넘기 게임을 하듯이, 아이는 게임에 참여하기 전에 그 일어나는 일들의 리듬을 느끼고 있는 듯하다. 점차 버스가 넓어짐에 따라 다른 이들이 합류하는데 긴 막대들이 튜브에 합해지고, 블록 바구니들이 빈 의자에 쌓이고, 작은 종이 그릇들이 음식으로 더해진다. 버스에 대한 생각은 천천히 자라난다. 이 버스는 목적지를 향해 앞으로 나아가는 것 같진 않다. 그 대신, 밖으로 확장되고, 풍성해지며, 모아들이고, 무엇이 모였는지 보려고 멈추는 리듬과 함께 움직인다.

예술가인 리 오아테스Leah Oates의 작품은 이행transitory으로서의 강렬한 순간을 표현한다. 우리가 움직여 가는 시간에 대응되는 공간은 단순한 공간 이상의 복잡함을 갖는다고 작가는 말한다. 많은 것이 그 안에 존재하며 엉망이고 예측 불가능하다. 뒤에 무언가를 남기지 않으며, 미래를 들여다보고, 과거이기도 하다. 수백 개의 작은 몸짓들과, 표현된 움직임들과, 들린 소리들, 발화된 말들, 기록된 이미지들, 의문들, 많은 혼란들, 전체로서의 순간의 강도 intensity를 포함한다. 오아테스의 작품은 우리가 간과한 것들, 우리가 시간을 분리된 덩어리로 이야기할 때 놓치는 것들을 볼 수 있도록 해 준다.

이 전이적 공간이 가져다주는 모든 뒤섞임과 복잡함은 가능성으로 가득하다.

전이 공간Transitory Spaces

"얘들아, 우린 오 분 내로 가야 돼. 오 분이야, 알았지?" 오 분이 남았다는 교사의 말에 아이들은 처음에 별로 주의를 기

울이지 않는다. 여전히 아이디어를 모으는 중이다. 몇 개의 막
대기들을 선택해 기름종이에 포장해서는 한 아이에서 다른 아
이에게로 전달하지만 꾸러미가 열리고 막대들이 삐져나온다.
의자에 둔 배치에서 튜브들을 골라내자 꾸러미가 무너진다. 떨
어진 튜브들을 발로 쓸어 내자 사방으로 흩어진다. 소음이 점
점 커진다.

"일 분이다." 켈시가 말한다. "일 분 안에 가야 해." 갑자기 모
든 것이 무효가 되더니 모두가 움직이기 시작한다. 막대기와 튜
브들이 바구니와 통에서 나오고, 기름종이가 털리고, 몸이 미끄
러지고 발이 의자와 튜브들에 부딪히고, 양동이가 쏟아진다. 일
분 남았다는 경고 이후 계속 움직이고 있는 셰넌은 원통 모양
블록과 코코넛 껍질을 집어 들더니, 다른 아이들이 문 앞에 줄
을 서기 시작하자 교실 한가운데 있는 의자에 올라간다. 두 개
의 단단한 물체를 함께 두드리면서 셰넌은 마지막 시간을 재고
있는 듯하고, 리드미컬한 찰칵찰칵 소리가 마지막 순간을 채우
고 있다. 결국 아이들이 교실을 떠나고 셰넌도 뛰어가 합류한다.

전이transitions보다 전이적 공간transitory spaces에 대해 생각한다
는 것은 '강도의intensive' 순간에 몰두한다는 것, 이 순간이 가져오
는 바에 개방된다는 것을 의미한다. 마수미2002는 그러한 순간의
탐색에 대해 다음과 같이 이야기한다.

상호 간의 협력이 일어나거나 목적이 엇갈리는 모든 상
황에는 실행될 수 있는 무한히 많은 수준의 조직과 경향이

있다. 모든 요소들이 밀접한 연관을 갖는 방식은 매우 복잡하고 한 가지 방향으로 이해될 필요도 없다. 일단 그 특정한 맥락을 벗어나면 상황을 둘러싼 일종의 모호함과 당신이 어디에 갈 수 있을지, 그리고 무엇을 할 수 있을지에 대한 불확실성이 언제나 존재한다. 이 불확실성은 실제로 역량이 될 수 있는데, 성공이나 실패를 예상하기보다 이것이 당신에게 기동성의 여지를 준다는 것을 실감하고 집중하는 한 그렇다. 이는 언제나 실험하고 노력하고 관찰하는 데에 열려 있다고 느끼게 해 주며, 상황에 대한 가능성을 감지하도록 해 준다.p.xx

우리는 시간과 함께 실험자가 된다.

우리는 패턴을 알아차린다. 오전의 끝자락에 오 분이 남았다는 경고가 주어지면 모든 것이 빨라진다. '시간이 다 된' 순간에 가까워지면 아이들은 더 창의적이 된다. 머무름과 떠남 사이의 순간은 믿을 수 없을 만큼 역동적이고 팽팽한 긴장감이 돈다. 교사가 일 분이나 이 분만 남았다고 하자마자 놀이의 리듬은 새로운 에너지와 강도를 갖는다. 한 물체가 다른 것으로 변하고 이야기 흐름이 교차함에 따라, 계속 이어지면서도 속도가 빠른 즉흥곡이 생겨난다. 블록 구조물이 무너지고, 아이들은 뛰고, 손들은 갑자기, 급하게, 모든 것을 만지려 하고, 발은 블록을 뛰어넘으려 하고, 모든 마지막 순간이 만끽될 필요가 있다. 모든 "블록 규칙"이 자유롭게 깨진다.

전이transition 자체는 현재now 그 이상이다. 강도intensities와 감응affects으로 가득 차 있고, 이런 강도와 감응은 수많은 가능성이 된다.

> 어느 날 아침 일 분이 남았다는 경고를 듣고 나서 셰넌이 켈시를 보고 묻는다. "큰 일 분이에요, 작은 일 분이에요?"

우리는 느껴지는 시간, 곧 팽창이나 압축에 대해 체화된 감각으로서의 시간을 이해하기 시작한다.

나아가며: 주목하기
Noticing

물질과의 만남은 무엇을, 어떤 방식으로 주목할 것인가를 결정하는 것과 관련된다. 카메라를 사용한다는 것은 어딘가를 살펴보아야 함을 의미한다. 사진을 찍고 어린이의 실험을 여러 가지 방식으로 기록할 때 도전이 되는 것은 실제로 무슨 일이 일어나고 있는지를 알거나 지각하기가 종종 어렵다는 것이다. 어느 곳을 보아야 할까? 어떻게 보아야 할까?

종이, 목탄, 물감, 점토와 블록과 관련하여 우리에게 중요했던 것은 아이들의 관심이 아니었을지도 모르며, 물질, 과정, 혹은 상황에 대한 우리의 이해 또한 특히 지금 이 순간, 이 장소에 있는 어린이들의 관심이 아닐 수도 있다. 더 당혹스러운 것은 아동, 물질, 공간, 장소, 교사와 시간이 함께 운동하는, 어린이와 교사가 그곳에 있지만 발생하는 일에 대해 항상 결정할 수는 없는, 우리가 완전히 이해할 수 없는 어떤 것이 발생하는, 그러한 사이-공간, 내부-작용의 공간Lenz Taguchi, 2010, 사건으로 가득한 얽힘을 어떻게 알아차리고 그곳으로 들어갈 수 있는가 하는 것이다.

프로젝트를 하면서 우리는 파악할 수 없는 것, 즉 몸짓, 운동, 얼핏 보거나 살펴보기, 멈춤, 망설임의 순간, 함께 있고, 모이고 해체하는 시간들, 행함doing과 하지 않음undoing의 행동에 집중하고자 노력하였다. 우리는 신체들 간의 작동, 모든 것 사이에 참여와 영향, 안나 칭2013이 말한 주목하기라는 중대한 작업에 관심이 있었다. 이 책은 이와 같은 집중하는 행동에 대해 멈추어 고민할 기회를 제공하며, 주목하기가 무엇이며, 주목을 할 때 무엇이 생산될 수 있는지에 대해 생각해 보게 한다. 주의를 기울이는 행동 속에서는 늘 무엇인가 발생한다.

우리는 물질의 변동과 흐름에Ingold, 2013, 강도의 시간들에 주의를 기울였고 혼란과 하지 않음의 순간들에는 멈췄다. 이와 같이 집중은 우리들로 하여금 열림과 닫힘, 생산과 재생산, 오고 감에 주의를 기울이도록 이끌었다. 우리는 반복의 리듬들에 집중했다. 리듬들은 비록 하찮아 보이고, 아주 작은 것들은 생산해 내는 듯해 보이나 진동하고 있는, 변화들이었다. 그것은 우리를 다시, 다시, 다시, 또다시의 움직임들로, 동사들과 행함으로Ingold, 2013, 어떻게 사물들이 운동과 이야기가 되는지로 이끌었다.

이와 같이 모든 사물에로의 집중은 그것을 더 명확하게 볼 수 있게 하였고, 이미 발생한 일들을 증폭시켜 주었다. 물질에 더 많은 공간을 제공할 수 있게 하였고, 물질이 더 많이 역할을 갖게 되었다. 우리는 종이가 문 밑에서 어떻게 미끄러지는지, 모든 스튜디오 사건 후에 종이가 복도 바닥을 어떻게 뒤덮는지에 집중했다. 우리는 유쾌한 공기의 변덕스러움에, 공기의 비행 욕구에 주목하였고 그 결과 종이가 선풍기, 바람, 그리고 큰 실외 환풍기를 만날 수 있었다. 우리는 목탄이 어떻게 펼쳐지고, 움직이며, 뒤덮고, 목탄이 들어가려는 장소에 스며들어 잠입할 때 목탄이 자유롭게 움직일 수 있도록 공간들을 디자인하는 것에 주목했다. 주의를 기울인다는 것은 우리들로 하여금 더 즐겁게 작업하고, 물질과 훨씬 더 진지하게 많은 것을 할 수 있도록 해 주었다.

물질의 운동과 그 방식에 주목하게 되자 어린이의 창의성과 혁신성뿐 아니라 물질의 역할, 사이의 공간들, 그리고 새로운 것의 발생에 대한 우리 모두의 예상을 넘는 엄청난 기대를 만들어 냈다. 점토가 다음엔 무엇을 할 수 있을까? 블록들은 우리를 어디로 이끌까? 우리는 놀람, 즐거움, 좌절, 당혹감과 가끔은 정말 어리둥절해지기도 하였다. 아이들과 함께 우리가 경험한 대부분의 것은 우리의 이해 능력을 초월했지만, 아는 것이 결코 목적이었던 적은 없었다. 무엇이 일어나고 있는지를 이해하려는 노력은 덜 기울였으며 물질의 흐름, 운동과 리듬, 규정할 수 없고 예측할 수 없는 만남들, 그리고 어린이와 물질 간에, 함께, 사이에서 발생하는 힘과 관계에 대해 철저하게 집중하였다.

이 프로젝트의 결과로 우리는 다르게 배우는 방법을 배우기 시작했다고 말할 수 있다.

프로젝트와 저서를 통해, 우리의 경험이나 정보를 전달하려거나 우리가 생각하는 세상을 기술하기보다는 행함doing에 관심을 가졌다. 연구의 목적은, 할 수 있었겠지만, 어린이의 확산적이고 독창적인 과정들, 즉 많은 일시적이고, 짧게 지나가는, 결론 내리기 어려운 행동들이나 물질의 운동과 생명성을 정확하게 포착하고 기록하는 것이 아니었다. 오히려 방법이 실재를 생산함을 인식하고 Law, 2004, 우리의 지각을 활기찬 얽힘, 배치, 생태학, 내부-작용에 열어 두고, 세상은 어떻게 되어 가는지에 대해 사유하여 이를 토대로 어린이의 운동과 만남과 사물의 활기찬 생명에 조심스럽게, 윤리적으로, 주의를 기울이며 응답하고 완전히 그 속으로 들어갈 수 있었다.

옮긴이 후기

이연선

전가일

정혜영

최승현

하영유

역자들이 함께 모여서 나누었던
이야기들을 후기에 담았습니다.

첫 모임을 위해 올라가는 기차 안에서… 이 번역 모임을 상상하면서 설레어 하는 저 자신을 보며 여러 가지 질문들이 떠올랐습니다. 우리는 왜 만나게 되었을까요? 사는 곳도 다르고, 살아온 날도 다른 우리들이 오늘 왜 이렇게 신나게 적극적으로 만나러 가고 있을까요? 우리는 같은 시대에 사는 동년배로 무엇을 고민하고 있을까요? 이 책 번역을 제안했을 때 왜 모든 선생님들께서 너무 좋다고 하셨을까요?

Movement

저는 현장에 관심이 많습니다. 그래서 교육현장의 교사들을 위한 책을 찾는 중에 이 책을 발견했지요. 책을 보자마자 너무 좋았고, 이 책은 꼭 번역이 되어야겠다는 생각을 했습니다. 번역을 함께 하실 분을 찾는데 고민을 많이 했습니다. 그리고 서로를 잘 모르는 우리는 오늘 이렇게 우연히도 그리고 운명적으로 만났네요.

처음 이 책을 발견하고 서문을 읽는 내내, '와우' 감탄사만 이어졌답니다. 이러한 시선을 가지고 고민하는 사람을 만난다는 것이… 특히 이것이 오랫동안 이루어졌던 실천의 기록이라는 것이… 실천하는 자들의 경험에 대한 기록들을 마주한다는 것이 대단히 반가웠습니다. 그리고 이 모든 것이 우리의 실천 속에도 영감이 되어, 또 다른 생성으로 나타나기를 기대합니다.

Encounter

이 책이 더 좋았던 점은… 다른 책들은 읽고 나면 뭔가 해야 할 듯했어요. 탈주를 하든지, 생각과 마음을 열어야 하든지… 그런데 이 책은 뭘 시키지 않는 느낌이었어요. 그래서 더욱 교사들이 읽으면 좋겠다고 생각했는지도 몰라요. 책이 이런 방식이라면 교사들에게 '~해야 해, ~하지 말아야 해'… 이런 말을 하지 않아도 되는 느낌이었습니다.

역자인 우린 모두 70년대생으로, 이 시기에 가난을 겪은 것도, 독재를 겪은 것도, 전쟁을 겪은 것도 아니고… 예술교육, 교육철학, 국제교육학, 아동학, 유아교육… 우리 모두 연구한 분야도 다르지만, 선생님들께서 모두 이 책을 좋다고 하신 데에는 교육현장에서 오늘도 살아가고 살아 내고 있는 교사에 대한 마음을 가지고 있을 것이라는 생각이 들었습니다.

Assemblage

지금 우리가 사는 시대에, 글, 이론, 지식을 옛날에는 개인, 학자, 누군가가 소유하고 점령했지만, 이제는 그것들이 그 누구의 소유도 점유도 아니며, 오로지 네트워크, 배치 안에서, 접속만이 그 희망이 아닐까요? 우리들의 모임이 이 책과의 강도 높은 마주침을 통해 교육현장을 함께 고민하고 실험하고 운동하는 실천 네트워크 모임으로 나아가면 좋겠습니다.

저자가 각 장의 첫 단락에 특정 물질이 가질 수 있는 성질들을 동사로 표현해 놓은 의도는 물질을 보는 우리들의 눈을 새롭게 하려는 것이 아닐까요? 물질이 무엇을 할 수 있는지, 물질의 행위주체성에 초점을 두고 있습니다. 저자는 물질을 감각하고 만지는 차원이 아니라, 생각하고 구성하는 행위의 주체로 관점을 전환하라는 메시지를 우리에게 보내고 있습니다.

Ecologies

역자인 우리들 역시, 물질의 속성이 아니라 특개성, '이것임 haecceity'을 만난다는 것은 쉽지 않았습니다. 앞 뒤로 맥락 안에서 특정 단어가 어떻게 쓰였는지 섬세한 차이를 구분해 가면서 들여다보면, 분명 글을 읽고 있는데 물질의 질감과 동작이 느껴지더라고요. 그러나 이를 우리말로 번역하는 것은 또 다른 차원이었습니다. 어떻게 번역을 해야지 원문의 뜻을 그대로 독자에게 전할 수 있을지 고민하다가, 저자의 시선을 따라 물질과 마주하는 끊임없는 관계에 주목하여 마치 이야기하듯이 번역하고자 노력했습니다.

존재 인식론적 전환은 인간과 물질, 정신과 몸, 이성과 감성, 객체와 주체의 이분법적인 구분을 넘어서 '세계의 존재being-of-the-world' 사이의 상호 의존적이고 서로 얽혀 있는 내부 작용에서 나타날 수 있다고 생각합니다. 그래서 더욱더 우리는 실험의 힘force에 주목하고자 합니다. 교육현장에서의 실험들은 침전된 담론들에 생명을 가져다줄 잠재성을 갖고 있을 테니까요.

Time

예상보다 길어졌지만, 저마다 시간의 무게를 느끼며 다른 마주침을 이어 갔습니다. 원저자인 파치니-케처바우, 킨드와 코허는 유아교육현장에서 또 다른 물질인 천fabric을 유동성fluidities으로 만나고 있었습니다. 역자들은 각자의 장에서 글로, 수업으로, 모임으로 실험을 이어 가고 있습니다. 이제 독자의 시간이 궁금해집니다. 어떤 종류의 시간성이 서로 다른 시간적 행위를 낳을까요? 시간은 우리의 몸에 체험으로 지속될 것입니다. 이 책과 마주한 서로 다른 몸이 어떻게 차이 나게 경험하게 될지 우리는 궁금합니다.

참고 문헌

Ainsworth, M. D. (1969). Object relations, dependency and attachment: A theoretical review of the infant-mother relationship. *Child Development, 40,* 967-1025.

Anderson, B., Kearnes, M., McFarlane, C., & Swanton, D. (2012). On assemblages and geography. *Dialogues in Human Geography, 2*(2), 171-189. doi: 10.1177/204382061244926

Atkinson, D. (2011). *Art, equality, and learning: Pedagogies against the state.* Rotterdam, The Netherlands: Sense.

Barad, K. (2007). *Meeting the universe halfway: Quantum physics and the entanglement of matter and meaning.* Durham, NC: Duke University Press.

Barad, K. (2011). Posthumanist performativity: Toward an understanding of how matter comes to matter. *Signs, 28*(3), 801-831. Retrieved from: http://www.jstor.org/stable/10.1086/345321

Bennett, J. (2004). The force of things: Steps toward an ecology of matter. *Political Theory, 32*(3), 347-372. Retrieved from: http://www.jstor.org/stable/4148158

Bennett, J. (2010). *Vibrant matter: A political ecology of things.* Durham, NC: Duke University Press.

Benso, S. (2000). *The face of things: A different side of ethics.* Albany, NY: SUNY Press.

Bergson, H. (1991). *Creative evolution.* Mineola, NY: Dover.

Boorstin, D. J. (1983). *The discoverers.* New York, NY: Random House.

Bowlby, J. (1969). *Attachment and loss.* Vol. 1. Attachment. New York, NY: Basic Books.

Bowlby, J. (1973). *Attachment and loss.* Vol. 2. Separation. New York, NY: Basic Books.

Bowlby, J. (1980). *Attachment and loss.* Vol. 3. Loss. New York, NY: Basic Books.

Bronfenbrenner, U. (1979). *The ecology of human development.* Cambridge,

MA: Harvard University Press.

Callaghan, K. (2002). Nurturing the enthusiasm and ideals of new teachers through reflective practice. *Canadian Children, 27*(1), 38-41.

Canatella, H. (2006). Is beauty an archaic spirit in education? *Journal of Aesthetic Education, 40*(1), 94-103.

Carey, J. (1989). *Communication as culture: Essays on media and society.* New York, NY: Unwin Hyman.

Carter, M., & Curtis, D. (2007). *Learning together with young children: A curriculum framework for reflective teachers.* St. Paul, MN: Redleaf.

Casarino, C. (2003). Time matters: Marx, Negri, Agamben and the corporeal. *Strategies, 16*(2), 185-206.

Ceppi, G., & Zini, M. (Eds.). (2008). *Children, space, relations: Metaproject for an environment for young children.* Reggio Emilia, Italy: Reggio Children and Domus Academy.

Clark, A. (2005). Ways of seeing: Using the Mosaic approach to listen to young children's perspectives. In A. Clark, A. Trine Kjorhot, & P. Moss (Eds.), *Beyond listening: Children's perspectives on early childhood services* (pp. 29-49). Bristol, England: The Policy Press.

Close, H. (2007). The use of photography as a qualitative research tool. *Nurse Researcher, 15*(1), 27-36.

Colebrook, C. (2002). *Gilles Deleuze.* London, England: Routledge.

Coleman, R. (2008). Things that stay: Feminist theory, duration and the future. *Time & Society, 17*(1), 85-102.

Coleman, R. (2009). *The becoming of bodies: Girls, images, experience.* Manchester, England: Manchester University Press.

Csikszentmihalyi, M. (1990). *Flow: The psychology of optimal experience.* New York, NY: Harper & Row.

Dahlberg, G., & Moss, P. (2005). *Ethics and politics in early childhood education.* London, England: RoutledgeFalmer.

Dahlberg, G., & Moss, P. (2009). Foreword. In L. Olssen (Ed.), *Movement and experimentation in young children's learning: Deleuze and Guattari in early childhood education* (pp. xiii-xxviii). New York, NY: Routledge.

Davies, B. (2014). *Listening to children: Being and becoming.* New York, NY: Routledge.

Deleuze, G. (1997). *Desire and pleasure* (Trans. M. McMahon). Retrieved from: http://www.artdes.monash.edu.au/globe/delfou.html

Deleuze, G. (2006). *Bergsonism* (6th ed.). New York, NY: Zone Books.

Deleuze, G., & Guattari, F. (1987). *A thousand plateaus: Capitalism and schizophrenia*. Min-neapolis, MN: University of Minnesota Press.

Dewey, J. (1897, January). My pedagogic creed. *School Journal, 54*, 77-80. Retrieved from: http://dewey.pragmatism.org/creed.htm

Dewey, J. (1916). Democracy and education. New York, NY: Free Press.

Dittmer, J. (2013/2014). Geopolitical assemblages and complexity. *Progress in Human Geography, 38*(3), 385-401. Retrieved from: http://phg.sagepub.com/content/38/3/385.full

Foucault, M. (1977). *Discipline and punish: The birth of the prison*. New York, NY: Vintage.

Fraser, S. (2006). *Authentic childhood: Experiencing Reggio Emilia in the classroom*. Toronto, ON: Nelson.

Friends of Reggio. (2004). *Remida day*. Reggio Emilia, Italy: Reggio Children s.r.l.

Gerst, B. (1998). Further reflections on the application of the Reggio view in a kindergarten classroom. *Canadian Children, 23*(2), 43-48.

Gerst, B. (2002). Making kindergarten meaningful: The bird study. *Canadian Children, 27*(2), 12-16.

Gerst, B. (2003). Exploring an essential question: How can bears and humans share our earth peacefully? *Canadian Children, 28*(2), 36-43.

Gilbert, J. (2004). Becoming-music: The rhizomatic moment of improvisation. In I. Buchanan & M. Swiboda (Eds.), *Deleuze and music* (pp. 118-139). Edinburgh, Scotland: University of Edinburgh Press.

Goldsworthy, A. (n.d.). *In his own words*. Retrieved from: http://www.morning-earth.org/ ARTISTNATURALISTS/AN_Goldsworthy.html

Golomb, C. (1992). *The child's creation of a pictorial world*. Berkeley, CA: University of California Press.

Greene, M. (1984). The art of being present: Educating for aesthetic encounters. *Journal of Education, 166*(2), 123-135.

Grosz, E. (1999a). Becoming: An introduction. In E. Grosz (Ed.), *Becomings: Explorations in time, memory, and futures* (pp. 1-12). New York, NY: Cornell University Press.

Grosz, E. (1999b). Thinking the new: Of futures yet unthought. In E. Grosz (Ed.), *Becomings: Explorations in time, memory, and futures* (pp. 15-28). New York, NY: Cornell University Press.

Grosz, E. (2005a). *Time travels: Feminism, nature, power*. Durham, NC: Duke University Press.

Grosz, E. (2005b). *The nick of time: Politics, evolution and the untimely.* Durham, NC: Duke University Press.

Guattari, F. (1995). *Chaosmosis: An ethico-aesthetic paradigm.* Bloomington, IN: Indiana University Press.

Haraway, D. (1988). Situated knowledges: The science question in feminism and the privilege of partial perspective. *Feminist Studies, 14*(3), 575-599.

Haraway, D. (2008). *When species meet.* Minneapolis, MN: University of Minnesota Press.

Haraway, D. (2015, June 30). Anthropocene, Capitalocene, Chthulucene: Staying with the trouble. *Anthropocene: Arts of living on a damaged planet.* Open Transcripts. Retrieved from: http://opentranscripts.org/transcript/anthropocene-capitalocene-chthulucene/

Hodgins, D. (2014). *(Re)Storying dolls and cars: Gender and care with young children.* Master's thesis, University of Victoria, British Columbia, Canada. Retrieved from: https://dspace.library.uvic.ca/handle/1828/5740

Honegger, D. S. (n.d.). *Journey into early childhood: Construction/block play.* Retrieved from: http://journeyintoearlychildhood.weebly.com/the-importance-of-block-play.html

Ingold, T. (2011). *Being alive: Essays on movement, knowledge, and description.* New York, NY: Routledge.

Ingold, T. (2013). *Making: Anthropology, archeology, art, and architecture* (Kindle version). New York, NY: Routledge.

Kimmerer, R. W. (2003). *Gathering moss: A natural and cultural history of mosses.* Corvallis, OR: OSU Press.

Kind, S. (2007). In open spaces. In L. F. Darling, A. Clarke, & G. Erickson (Eds.), *Collective improvisation in a teacher education community* (pp. 67-74). Dordrecht, The Neth-erlands: Springer.

Kind, S., & Pacini-Ketchabaw, V. (2016). Charcoal intensities and risky experimentations. In H. Skott-Myhre, V. Pacini-Ketchabaw, & K. Skott-Myhre (Eds.), *Youth work, early education, and psychology: Liminal encounters* (pp. 93-111). Critical Cultural Studies of Early Childhood series. New York, NY: Springer.

Kocher, L. (1999). The rabbit habitat: Documenting a kindergarten project. *Canadian Children, 24*(2), 15-22.

Kocher, L. (2004). The disposition to document: Portraits of practice. *Canadian Children, 29*(1), 23-31.

Kocher, L. (2009). Setting our little sails: Pedagogical documentation as a phenomenological act. In L. Iannicci & P. Whitty (Eds.), *Early childhood curricula: Reconceptualist perspectives* (pp. 121-140). Calgary, AB: Destelig.

Kocher, L. (2010). Families and pedagogical narration: Disrupting traditional understand ings of family involvement. In V. Pacini-Ketchabaw (Ed.), *Flows, rhythms, and intensities of early childhood education* (pp. 177-201). New York, NY: Peter Lang.

Koepke, M. (2015). Towards a pedagogy of moments: Radical pedagogies. *Inflexions, 8*. Retrieved from: http://www.inflexions.org/radicalpedagogy/main.html#Koepke

Kummen, K. (2010). Is it time to put 'tidy up time' away? Contesting routines and transitions in early childhood spaces. In V. Pacini-Ketchabaw (Ed.), *Flows, rhythms, and intensities of early childhood education curriculum* (pp. 97-112). New York, NY: Peter Lang.

Latour, B. (2005a). *Reassembling the social: An introduction to actor-network theory.* Oxford, England: Oxford University Press.

Latour, B. (2005b). What is given in experience? A review of Isabelle Stengers 'Pensée avec Whitehead'. *Boundary 2, 32*(1), 222-237. Retrieved from: http://www.bruno-latour.fr/ sites/default/files/93-STENGERS-GB.pdf

Law, J. (2004). *After method: Mess in social science research.* New York, NY: Routledge.

Lehrer, J. (2012). *Imagine: How creativity works.* Toronto, ON: Penguin.

Lenz Taguchi, H. (2010). *Going beyond the theory/practice divide in early childhood education: Introducing an intra-active pedagogy.* New York, NY: Routledge.

Levine, R. (1998). *A geography of time: The temporal misadventures of a social psychologist, or how every culture keeps time just a little bit differently.* New York, NY: Basic Books.

Lowenfeld, V., & Brittain, W. L. (1987). *Creative and mental growth* (8th ed.). New York, NY: Macmillan.

MacDonald-Carlson, H. (1997). The story of the room. *Canadian Children, 22*(1), 34-37.

MacDonald-Carlson, H. (2003). Developing a sense of place: Exploring ideas of home and community. *Canadian Children, 28*(2), 10-16.

Manning, E. (2007). *Politics of touch: Sense, movement, sovereignty.*

Minneapolis, MN: University of Minnesota Press.

Manning, E. (2009). Taking the next step: Touch as technique. *Senses and Society, 4*(2), 211-226.

Manning, E. (2010). Always more than one: The collectivity of a life. *Body & Society, 16*(1), 117-127. doi: 10.1177/1357034X09354128

Manning, E., & Massumi, B. (2014). *Thought in the act: Passages in the ecology of experience*. Minneapolis, MN: University of Minnesota Press.

Massumi, B. (1987). Introduction. In G. Deleuze & F. Guattari (Eds.), *A thousand plateaus: Capitalism and schizophrenia* (pp. ix-xv). Minneapolis, MN: University of Minnesota Press.

Massumi, B. (2002). *Parables for the virtual: Movement, affect, sensation*. Durham, NC: Duke University Press.

Matthews, J. (2003). *Drawing and painting: Children and visual representation* (2nd ed.). Thousand Oaks, CA: SAGE.

McNiff, S. (2008). Art-based research. In J. G. Knowles & A. L. Cole (Eds.), *Handbook of the arts in qualitative research* (pp. 29-40). Thousand Oaks, CA: SAGE.

Navab, A. (2001). Re-picturing photography: A language in the making. *Journal of Aesthetic Education, 35*(1), 69-84.

Oates, L. (n.d.). *Artist's statement*. Retrieved from: http://leahoates.com/

O'Donoghue, D. (2015). The turn to experience in contemporary art: A potentiality for thinking art education differently. *Studies in Art Education, 56*(2), 103-113.

Olssen, L. (2009). *Movement and experimentation in young children's learning: Deleuze and Guattari in early childhood education*. New York, NY: Routledge.

O'Sullivan, S. (2006). *Art encounters Deleuze and Guattari: Thought beyond representation*. London, England: Palgrave Macmillan.

Pacini-Ketchabaw, V. (Ed.). (2010). *Flows, rhythms, and intensities of early childhood education*. New York, NY: Peter Lang.

Pacini-Ketchabaw, V. (2012). Acting with the clock: Clocking practices in early childhood. *Contemporary Issues in Early Childhood, 13*(2), 154-160.

Pacini-Ketchabaw, V. (2013). Politicizing transitions in early childhood. *Global Studies of Childhood, 3*(3), 221-229.

Pelo, A. (2007). *The language of art: Inquiry-based studio practices in early childhood settings*. St. Paul, MN: Redleaf.

Peters, G. (2009). *The philosophy of improvisation*. Chicago, IL: University of Chicago Press.

Prochner, L. (2011). 'Their little wooden bricks': A history of the material culture of kindergarten in the United States. *Paedagogica Historica, 47*(3), 355-375. doi: 10.1080/00309230.2010.513688

Puig de la Bellacasa, M. (2015). Making time for soil: Technoscientific futurity and the pace of care. *Social Studies of Science, 45*(5), 691-716. doi: 10.1177/0306312715599851

Rautio, P. (2013). Being nature: Interspecies articulation as a species-specific practice of relating to environment. *Environmental Education Research, 19*(4), 445-457.

Richards, R. D. (2009). Young visual ethnographers: Children's use of photography to record, share and extend their art experiences. *International Art in Early Childhood Research Journal, 1*(1), 1-16. Retrieved from: http://artinearlychildhood.org/artec/images/article/ARTEC_2009_Research_Journal_1_Article_3.pdf

Richmond, S. (2004). Remembering beauty: Reflections of Kant and Cartier-Bresson for aspiring photographers. *Journal of Aesthetic Education, 38*(1), 78-88.

Rose, D. B. (2004). *Reports from a wild country: Ethics for decolonisation.* Sydney, AU: University of New South Wales.

Rose, S., & Whitty, P. (2010). Where do we find the time to do this? Struggling against the tyranny of time. *Alberta Journal of Educational Research, 56*(3), 257-273.

Rosen, R. (2009). Examining early childhood spaces: Creating Sunland. *Canadian Children, 34*(2), 38-41.

Rule, A., & Stewart, R. (2002). Effects of practical life materials on kindergarteners' fine motor skills. *Early Childhood Education Journal, 30*(1), 9-13.

Sawhney, H. (2004). The slide towards decentralization: Clock and computer. *Media, Culture & Society, 26*(3), 359-374. doi: 10.1177/0163443704042257

Scarry, E. (1999). *On beauty and being just.* Princeton, NJ: Princeton University Press.

Sontag, S. (1977). *On photography.* New York, NY: Farrar, Straus, & Giroux.

Springgay, S. (2011). The ethico-aesthetics of affect and a sensational pedagogy. *Journal of the Canadian Association for Curriculum Studies, 9*(1), 66-82.

Springgay, S. (2012). Tasting the m/other as sensational pedagogy. In S. Springgay & D. Freedman (Eds.), *Mothering a bodied curriculum: Emplacement, desire, affect* (pp. 255-269). Toronto, ON: University of Toronto Press.

Springgay, S., & Rotas, N. (2014). How do you make a classroom operate like a work of art? Deleuzeguattarian methodologies of research-creation. *International Journal of Qualitative Studies in Education, 25*(5), 552-572. doi: 10.1080/09518398.2014.933913

Stengers, I. (2005). An ecology of practices. *Cultural Studies Review, 11*(1), 183-196.

Stengers, I. (2007, September 2). Gilles Deleuze's last message. *Recalcitrance.* Retrieved from: http://www.recalcitrance.com/deleuzelast.htm

Stengers, I. (2008a). A constructivist reading of process and reality. *Theory, Culture, & Society, 25*(4), 91-110. doi: 10.1177/0263276408091985

Stengers, I. (2008b). Experimenting with refrains: Subjectivity and the challenge of escaping modern dualism. *Subjectivity, 22,* 38-59. doi: 10.1057/sub.2008.6

Stengers, I. (2015). *In catastrophic times: Resisting the coming barbarism* (A. Goffey, Trans.). Open Humanities Press & Meson Press. Retrieved from: http://meson.press/wp-content/uploads/2015/11/978-1-78542-010-8_In-Catastrophic-Times_Stengers.pdf

Stengers, I., Manning, E., & Massumi, B. (2009). History through the middle: Between macro and mesopolitics. *Inflexions, 3.* Retrieved from: http://www.inflexions.org/n3_ History-through-the-Middle-Between-Macro-and-Mesopolitics-1.pdf

Sturken, M., & Cartwright, L. (2009). *Practices of looking.* New York, NY: Oxford University Press.

Tarr, P. (2005). Drawing at the centre. *Canadian Children, 30*(1), 4-8.

Tarr, P., Bjartveit, C., Kostiuk, L., & McCowan, D. (2009). Supporting imagination in play through pedagogical documentation: Haunted houses, fairies and goblins, pirates and islands. *Canadian Children, 34*(1), 21-28.

Taylor, A., & Pacini-Ketchabaw, V. (2015). Learning with children, ants, and worms in the Anthropocene: Towards a common world pedagogy of multispecies vulnerability. *Pedagogy, Culture, and Society, 23*(4), 507-529. doi: 10.1080/14681366.2015.1039050

Thiele, K. (2014). Ethos of diffraction: New paradigms for a (post)humanist ethics. *Parallax, 20*(3), 202-216.

Thompson, C. M. (2008). Action, autobiography, and aesthetics in young children's self-initiated drawings. *Journal of Art and Design Education, 18*(2), 155-161. doi: 10.1111/1468-5949.00169

Toumayayan, A. P. (2004). *Encountering the other: The artwork and the problem of difference in Blanchot and Levinas*. Pittsburg, PA: Duquesne University Press.

Trimis, E., & Savva, A. (2009). Artistic learning in relation to young children's chorotopos: An in-depth approach to early childhood visual culture education. *Early Childhood Education Journal, 36*, 527-539.

Tsing, A. (2005). *Friction: An ethnography of global connection*. Princeton, NJ: Princeton University Press.

Tsing, A. (2011, May). Arts of inclusion, or, how to love a mushroom. *Australian Humanities Review, 50*. Retrieved from: http://www.australian humanitiesreview.org/archive/Issue-May-2011/tsing.html

Tsing, A. (2012). On nonscalability: The living world is not amenable to precision-nested scales. *Common Knowledge, 18*(3), 505-524. doi: 10.1215/0961754X-1630424

Tsing, A. (2013). More than human sociality: A call for critical description. In K. Hastrup (Ed.), *Anthropology and nature* (pp. 27-42). New York, NY: Routledge.

van Dooren, T. (2014). *Flight ways: Life and loss at the edge of extinction*. New York, NY: Columbia University Press.

van Dooren, T., & Rose, D. B. (forthcoming). *Encountering a more-than-human world: Ethos and the arts of witness*. [abstract]. Retrieved from: http://thomvandooren.org/papers-in-progress/

Vecchi, V. (2010). *Art and creativity in Reggio Emilia: Exploring the role and potentials of ateliers in early childhood education*. New York, NY: Routledge.

Vecchi, V., & Giudici, C. (Eds.). (2004). *Children, art, artists: The expressive languages of children, the artistic language of Alberto Burri*. Reggio Emilia, Italy: Reggio Children s.r.l.

Wien, C. A. (1996). Time, work, and developmentally appropriate practice. *Early Childhood Research Quarterly, 11*, 377-03.

Wien, C. A. (2008). *Emergent curriculum in the primary classroom: Interpreting the Reggio Emilia approach in schools*. New York, NY: Teachers College Press.

Wien, C. A., & Kirby-Smith, S. (1998). Untiming the curriculum: A case study of removing clocks from the program. *Young Children, 53*(5), 8-13.

Winston, J. (2008). *Beauty and education*. New York, NY: Routledge.

Wolseley, J. (2009/2010). *A natural history of swamps II, purple swamphen-Gwydir wetlands*. Retrieved from: http://johnwolseley.net/exhibitions/carboniferous

Wolseley, J. (2016). *Artist website*. Retrieved from: http://johnwolseley.net/home

Wong, A. (2006). A whole new world: Documenting in the infant class room. *Canadian Children, 31*(2), 32-37.

Young, K. (2001). Practicing the ideas of Reggio Emilia: A growing expe rience. *Canadian Children, 26*(1), 28-32.

Zhang, O. (n.d.). *Horizon statement*. Retrieved from: http://ozhang.com/Site/O_Zhang,_HStatement.html

Zhang, O. (2009, August 11). *O Zhang talks about her work at Vancouver Art Gallery Offsite*. Retrieved from: https://www.facebook.com/video/video.php?v=135155947512

Zylinska, J. (2014). *Minimal ethics for the Anthropocene*. Ann Arbor, MI: Open Humanities Press. Retrieved from: http://quod.lib.umich.edu/cgi/p/pod/dod-idx/minimal-ethics-for-the-anthropocene.pdf?c=ohp;id no=12917741.0001.001

찾아보기

G
generation 발생,생성

H
haecceity 이것임/ 삶의 개별성
heterogeneity 이질성

I
immanent discrimination 내적 식별
impermanence 비영속성
improvising 즉흥적으로 하기
infect 감염시키다
instrumentalism 도구주의
intensity 강도
intra-action 내부 작용
intra-activity 내부 활동
intra-active pedagogy 내부-작용(내
　부 작용)의 교육학
invention 창조
iteration 되풀이
itineration 여정

K
knowing 앎

L
lines of flight 탈주선
lines of drift 방황의 선
lived 체험된

M
material 물질, 재료
material-discursive 물질-담론적
matter 문제, 중요하다
meso 메소
milieu 환경
more than human 인간 이상

motion 동작
movement 운동
moving 움직임
multispecies 다생물종
mutualism 상리공생
mutation 변이

N
noticing 주목하기
nonhuman 비인간

P
painting 회화
parasitism 기생성
pause 멈춤
pedagogy 페다고지
pedagogical experimentation 교육
　적 실험
performance 수행
performativity 수행성
pole 끝, 극점
practice 실천
property 특성

R
real 실재
reality 실재성
reassemble 재연합하다
re-compose 재구성하다
re-presentation 재-현
representationalism 재현주의
response 응답
response-ability 응답 능력
rupture 도약

S
shaping 조성하기

삶의 행복을 꿈꾸는 교육은
어디에서 오는가?

● **교육혁명을 앞당기는 배움책 이야기** 혁신교육의 철학과 잉걸진 미래를 만나다!

● **비고츠키 선집** 발달과 협력의 교육학 어떻게 읽을 것인가?

● 경쟁과 차별을 넘어 평등과 협력으로 미래를 열어가는 교육 대전환! 혁신교육 현장 필독서

전문적 학습네트워크	크리스 브라운·신디 푸트먼 엮음	성기선·문은경 옮김	424쪽	값 24,000원
초등 개념기반 탐구학습 설계와 실천 이야기	김병일 외 지음	380쪽	값 27,000원
선생님이 왜 노조 해요?	교사노동조합연맹 기획	324쪽	값 18,000원